실력과
노력으로
성공했다는
당신에게

실력과 노력으로 성공했다는 당신에게

행운, 그리고
실력주의라는 신화

로버트 H. 프랭크 지음
정태영 옮김

글항아리

일러두기

• 원서에서 이탤릭체로 강조한 것은 고딕체로 표시했다.
• 본문에서 첨자로 부연설명한 것은 옮긴이 주다.

행운이란 자수성가한 사람들 앞에서
거론할 만한 것이 아니다.

– 엘윈 브룩스 화이트

다섯 번째 철학자의 노래

정자 수십억 마리
모두 살아서 꿈틀거리는데
불쌍한 노아 그 엄청난 격변에서 벗어나
감히 살려고 발버둥치네.
수십억 마리 가운데
하나가 살아남아서
셰익스피어나 또 다른 뉴턴 혹은 새로운 존 던이
될 수도 있었건만,
그 하나가 하필 나였다니.
부끄럽도다. 더 나은 형제들을 물리치고
다들 밖에 남아 있는데 혼자서 방주를 차지하다니!
아, 심술궂은 호문쿨루스16~17세기 의학 이론에서 정자 속에 있다고 믿었던 미소한 인체여.
우리 모두를 위해 조용히 죽었어야지!
– 올더스 헉슬리(1920)

차례

  행운이란 과연 얼마나 중요할까? 보수주의자와 진보주의자를 이보다 확실하게 구분하는 질문도 없을 것이다. 보수주의자들이 주장하는 것처럼 막대한 부를 축적한 사람들은 거의 언제나 재능이 뛰어나고 엄청나게 노력하는 사람들이다. 하지만 진보주의자들의 지적대로, 비슷한 재능으로 비슷하게 노력하는 다른 수많은 사람은 왜 그만큼 부를 이루지 못할까.

  최근 사회과학자들은 보통 사람이 생각하는 것보다 행운이 인생의 중대한 성취에 훨씬 더 큰 영향을 미친다는 사실을 알아냈다. 나는 이 책을 통해 인생에서 행운이 차지하는 중요성을 제대로 바라보기 위해서, 이런 사실이 일으키는 흥미롭고도 때로는 예상치 못한 영향에 대해 알아볼 것이다.

이 책의 부제는 원래 '개인적 견해'였다. 내 이야기가 행운에 대한 나 자신의 경험을 많이 담고 있다고 확실히 언급해두지 않으면 독자들이 싫어할 수도 있겠다는 우려에서 이 부제를 택했다. 하지만 프린스턴대 출판부 편집자들은 '개인적 견해'라는 부제가 이 책을 자서전이라고 오해할 여지를 남긴다며 나를 설득했다. 그들의 걱정은, 대놓고 말은 안 했지만 지극히 타당한 이야기였는데, 바로 유명 인사가 아닌 저자의 자서전은 독자들에게 그다지 매력이 없다는 것이다.

나는 대부분 선진국 경제의 시장 구조가 역사상 그 어느 때보다 훨씬 더 실력주의를 표방하고 있다고 오랫동안 주장해왔기 때문에, 출판사에서 대안으로 제안했던 부제 '행운 그리고 실력주의라는 신화'가 처음에는 내키지 않았다. 내 우려는 오랜 시간을 함께한 어느 동료에게 책표지 시안을 보여주었을 때 그가 내비친 반응으로 금세 확인할 수 있었다. "아니, 회사가 가장 실력이 뛰어난 지원자를 뽑으면 안 되는 거야?" 사실 나는 그 동료만큼이나 족벌주의 사회를 강하게 비판하는 사람이다.

물론 현실적으로 그 어떤 시스템도 완벽하게 실력주의를 반영할 수는 없다. 하지만 성공을 위해서는 연줄이 있거나 금수저를 물고 태어나야 하는 세태가 지속되리라는 우려에서 부제를 '행운 그리고 실력주의라는 신화'로 택한 것은 아니다. 오히려 실력주의의 지나친 미화가 막대한 피해를 가져온다고 믿기 때문이다.

실력주의라는 용어 자체는 1958년 영국 사회학자(이후에는 상원의원) 마이클 영이 영국의 교육제도를 통렬하게 풍자하면서 처음 고안해낸 것이다. 『능력주의의 등장』이라는 책에서 그는 큰 성공을 거둔 사람들에게 그 성공이 오로지 자신의 노력과 능력 때문이라고 확대 해석하게끔 부추기는 것이야말로 결국 모든 문제를 실제로 더 악화시킬 수 있다고 비판했다.[1] 2001년, 이 책을 되돌아보는 칼럼에서 그는 "직장에서 사람들을 능력에 따라 채용하는 것은 타당하지만, 일단 이들이 어떤 일에 유능하다고 인식되고 나면 다른 사람이 들어올 여지가 없는 새로운 사회 계층으로 굳어지는데, 이런 상황은 결코 바람직하지 않다"고 지적했다.[2] 그리고 비판의 의미로 만들었던 이 용어가 찬사에 가까운 수식어로 멋대로 쓰이고 있다는 점에 깊은 유감을 나타냈다.

실력주의를 앞세우며 개인주의를 찬양하는 사회에서 돈을 가장 많이 버는 사람들한테 그 성공에 약간의 운이 따랐다고 말한다면, 이는 그들이 실제로는 최고가 아니며 스스로 생각하는 만큼 대단한 존재도 아니라고 말하는 것과 다름없다. 사람들은 실력주의라는 듣기 좋은 말로 성공과 실패가 종종 개인이 전혀 통제할 수 없는 사건들에 의해 좌우된다는 사실을 숨겨왔던 것 같다. 2012년 프린스턴대 졸업 연설에서 마이클 루이스는 일어날 것 같지 않았던 일련의 우연한 사건이 그가 부유하고 유명한 작가가 되는 데 결정적인 역할을 했음을 인정했다.

하루는 어느 저녁 식사 자리에 초대를 받았습니다. 그런데 우연히 월가의 대형 투자은행 살로먼브라더스에 있는 거물급 인사의 부인 옆에 앉게 되었습니다. 저를 좋게 봤는지 그녀는 저에게 괜찮은 자리 하나를 주라고 남편에게 거의 강요하다시피 굴더군요. 저는 살로먼브라더스에 대해 아는 것이 거의 없었습니다. 월가가 오늘날 우리 모두에게 친숙하고 사랑받는 장소로 변모하기 시작하던 시절이었는데, 살로먼브라더스가 바로 그 중심에 서 있었습니다. 그곳에서 저는 미친 듯이 성장하고 있는 금융시장을 주시하는 데 가장 좋은 자리를 덜컥 배정받고 일을 시작했습니다. 이런 환경 덕분에 저는 주택 파생상품 전문가로 거듭날 수 있었습니다. 1년 반 정도 지난 뒤로는 여러 전문적인 투자자에게 금융 파생상품에 대한 조언을 하는 대가로 살로먼브라더스로부터 수십만 달러를 받게 되었습니다.[3]

루이스는 살로먼에서 경험한 바를 토대로 월가의 새로운 금융 전략이 세상을 어떻게 바꾸는지 설명한 폭발적인 베스트셀러를 1989년에 출간했다.

책 제목은 『거짓말쟁이의 포커』였습니다. 100만 부 이상 팔렸죠. 당시 스물여덟 살이던 저는 작가라는 경력과 약간의 명성 그리고 엄청난 돈과 새로운 인생 이야기를 일거에 거머쥐게 되었습니다. 그러자 사람들은 내가 타고난 작가라고 이야기하기 시작했습니다. 정말 말도 안 되는 일이었어요. 사실 그저 운이 좋았다고 하는 편이 훨씬 더 정확한 설명일 겁니다. 저녁 식사 테이블에서 살로먼브라더스의 거물급 인사의 부인 옆에 앉을 확률은 얼마나 될까요? 이른 나이에 베스트셀러를 쓸 수 있게 해준 월가 최고의 회사에서 일하게 될 확률, 월가의 경제 상황을 가장 잘 지켜볼 수 있는 바로 그 자리에 앉게 될 확률은 또 얼마나 될까요? 아들과 의절하는 대신 한숨지으며 "네가 꼭 해야 한다면 해보라"고 말해주는 부모를 만날 확률은요? 프린스턴대의 예술사 교수님이 하고 싶은 일을 해야 한다는 확신을 마음속 깊이 심어줄 확률, 무엇보다 애초에 프린스턴대학에 입학할 확률은 얼마일까요?

그저 겸손한 척하려고 이런 말씀을 드리는 게 아닙니다. 이 안에는 중요한 의미가 담겨 있어요. 제 사례는 성공이 항상 어떻게 합리화되는지를 보여줍니다. 사람들은 성공이 운 때문이었다는 소리를 듣기 싫어합니다. 특히 성공한 사람들은 더욱 그렇죠. 나이를 먹어가면서 그리고 계속 성공을 이루어가면서 사람들은 그 성공이 자신에게 너무나 당연한 일이었다고 생각합니다. 자기 인생에서 그저 운이 좋아 생겼던 일들이 결국 어떤 영향을 미쳤는지 결코 인정하려고 하지 않아요.

『뉴욕타임스』 칼럼니스트인 니컬러스 크리스토프도 이와 비슷한 주제를 이따금 언급한다.

미국에서 성공을 거둔 사람들 사이에서 발견되는 공통된 착각은 자신이 성공한 이유가 오직 좋은 머리로 열심히 노력했기 때문이라는 생각이다.

사실 아낌없이 사랑해주고, 자기 전에 동화책을 읽어주고, 리틀야구 리그의 선수로서 그라운드를 누비게 해주고, 도서관에서 책 읽는 습관을 길러주고, 음악 레슨을 받게 해주면서 그들을 키웠던 미국 중산층 가정의 부모가 그들을 임신했을 때부터 이미 커다란 행운이 시작된 것이나 다름없다.[4]

이런 착각의 어두운 면은 자신의 행운에 대해 잘 느끼지 못하는 사람들이 다른 사람의 불운에 대해서도 마찬가지로 잘 느끼지 못한다는 사실이라고 크리스토프는 주장한다.

그 결과는 정치세계의 천박함이나 아무리 노력해도 살림살이가 팍팍한 사람들에 대한 공감 부족으로 나타난다. 저소득층 의료보장제도의 확대나 장기실업수당 지급, 물가 인상에 맞춘 최저임금 인상에 대해 강하게 반대하면서 말이다.

크리스토프는 오리건주의 작은 마을에서 살았던 고향 친구 릭 고프의 인생사를 자세하게 소개한다. 고프가 불과 다섯 살일 때 어머니가 돌아가셨고 얼마 지나지 않아 알코올 중독자였던 아버지마저 고프와 세 형제자매를 버렸다. 고프를 아는 사람들은 하나같이 그가 아주 진실하고 믿음직한 친구였다고 입을 모았다. 그는 머리가 좋았지만 학교 성적은 형편없었다. 주의력결핍 장애를 발견하지 못한 탓이었다. 그는 고등학교를 마치지 못하고 제재소와 기계 조립 공장에서 매 순간 열심히 일했고 나중에는 유능한 주문 제작 자동차 도장공이 되었다. 하지만 예기치 못한 사고로 손을 심하게 다친 뒤, 장애연금과 아르바이트로 번 얼마 안 되는 돈으로 어떻게든 살아보려고 발버둥쳤다. 결국 재정적으로 어려움에 처한 전 부인을 돕겠다며 600달러를 지출하고는 중요한 약물 치료를 받을 여력이 안 돼서 2015년 7월에 65세라는 이른 나이로 세상을 떠났다.

크리스토프의 결론은 이렇다.

사람들은 보통 성공을 전적으로 '선택'과 '개인적 책임'에 관한 것으로 생각한다. 맞는 말이다. 하지만 그보다는 훨씬 더 복잡하다. 스탠퍼드대 사회학자인 숀 리어든이 지적하듯, "부유한 집 아이들은 나쁜 선택을 많이 한다. 하지만 그렇다고 해서 결과 또한 항상 나쁜 것만은 아니다."[5]

마이클 루이스는 캘리포니아대 버클리 캠퍼스의 심리학자들이 진행한 실험을 소개하는 것으로 프린스턴대 졸업 연설을 맺었다.[6] 학자들은 실험 참가자들을 세 명씩 같은 성별로 묶고 작은 방에 들여보낸 뒤 복잡한 도덕적 문제들을 풀도록 했다. 이를테면 시험에서 부정행위를 저지르는 일에 대한 대처법 같은 문제였다. 각 집단에서는 구성원 가운데 한 사람을 임의로 골라 리더로 선정하도록 했다. 각 집단이 30분 동안 토의하고 나면 심리학자들은 쿠키 네 개가 놓인 쟁반을 들고 방에 들어갔다.

누가 나머지 한 개의 쿠키를 먹었을까? 그것은 바로 각 집단의 리더였다. 루이스는 이렇게 지적했다. "리더로 뽑힌 사람에게 특별한 장점이 있는 것도 아니었다. 30분 전에 가위바위보나 제비뽑기 같은 임의의 방법으로 뽑힌 사람이었다. 즉 리더라는 지위는 단순한 운이었다. 그런데도 나머지 한 개의 쿠키는 리더의 몫이 되어야 한다는 분위기가 감돌았다."

루이스는 이 실험 결과를 통해 프린스턴대 졸업생들에게 이렇게 말했다.

대체로 여러분은 이런 집단의 리더로 지명되어왔습니다. 여러분이 리더로 선정된 것은 전적으로 임의의 방법을 통한 결과가 아닐 수도 있습니다. 하지만 임의적인 측면이 있었다는 사실을 반드시 인정해야 합니다. 여러분은 운 좋은 소수입니다. 좋은 부모를 만났다는 행운, 좋은 나라의 국민이라는 행운, 그리고 이렇게 운 좋은 여러분을 받아들여 또 다른 운 좋은 사람들과 사귀게 해주고 훨씬 더 큰 행운을 누릴 기회를 더 많이 제공하는 프린스턴대학 같은 기관이 존재한다는 사실 역시 여러분이 누리는 행운이지요. 여러분은 인류 역사상 가장 풍요로운 사회에서 살고 있고, 어느 누구도 그 어떤 것을 위해 여러분의 이익을 희생하길 바라지 않는 시대에 살고 있다는 점에서 행운입니다.

여러분 모두는 항상 이런 식으로 여분의 쿠키를 즐겨왔습니다. 그리고 앞으로 더 많은 여분의 쿠키가 여러분 앞에 놓일 것입니다. 조만간 여러분은 그런 쿠키가 자신에게 돌아오는 것이 당연하다고 생각하게 될지 모릅니다. 아마도 그럴 겁니다. 하지만 그것이 당연한 일이 아니라고 인정한다면, 최소한 그런 체라도 한다면 여러분은 더 행복해질 것이고 이 세상도 더더욱 좋아질 것입니다.

물론 자신의 성공에 행운이 이바지했다는 사실을 선뜻 인정하는 사람도 많다. 이들은 자신의 성공을 가능하게 만든 환경을 창출하고 유지하는 일종의 공공 투자를 다른 사람보다 더 지지하는 경향이 있다. 또한 루이스가 예상한 대로, 이들은 다른 사람에 비해 훨씬 더 행복하다. 그리고 이들이 감사한다는 사실 그 자체가 더 큰 물질적 풍요를 향해서 이들을 이끄는 것처럼 보인다.

앞으로 내가 펼칠 주장은 이렇다. 성공한 사람들은 자신의 성공에 있어서 행운의 역할을 과소평가하는 경향이 있으며, 이로 인해 모든 사람이 성공할 가능성을 높여주는 여러 공공 투자에 대해서 미온적인 태도를 취한다는 것, 그리고 상대적으로 간단하고 거슬리지 않는 공공 정책을 펼치면 이 공공 투자의 부족분을 메우고도 남을 충분한 자원을 창출할 수 있다는 것이다.

이런 주장을 뒷받침하기 위해 내가 제시할 논거는 흔들리는 부분이 거의 없으며 그 전제 또한 논란의 여지가 없다. 프린스턴대 출판부의 논평가들은 처음에 내가 다룰 수 있는 여러 주제를 추가하기 위해 많은 것을 제안했고, 그중에는 흥미로운 주제도 여럿 눈에 띄었다. 하지만 내 논거에 있어서 반드시 필요한 주제는 아니었기에 그 제안을 거절했다. 이 책을 구상하면서부터 목표가 있었다. 필요 이상으로 독자의 시간을 빼앗지 않는 책을 쓰자, 독자들이 부담 없이 손에 들고 읽을 수 있도록 두껍지 않은 책을 만들자는 것이었다. 내 가장 진심 어린 바람은 이 책의 내용이 여러분에게 어떤 울림을 주는 것, 그래서 다른 사람들과 그 울림에 관한 이야기를 나누고픈 기분을 느끼게 하는 것이다.

1장

아는 것을
써라

"아는 것을 써라."

작가라면 늘 듣는 말이다. 그리고 바로 이 말이 내가 몇 년 전부터 행운에 대한 글을 쓰기 시작한 이유 가운데 하나다. 내가 행운이라는 주제에 대해 흥미를 느낀 것은 내 인생 자체가 우연한 사건들의 영향을 크게 받아왔기 때문이다.

아마 가장 극적인 사례로 꼽을 만한 것은 2007년 11월, 어느 쌀쌀한 토요일 아침에 일어난 사건일 것이다. 그때 나는 오랜 친구이자 공동 연구자인 코넬대학의 심리학자 톰 길로비치와 함께 체육관에서 테니스를 치고 있었다. 나중에 톰이 들려주길, 우리가 둘째 세트를 마치고 앉아서 쉴 때 내가 조금 메스껍다고 말하기에 그가 돌아봤는데, 내가 곧바로 코트 바닥에 쓰러져 꼼짝도 않더라는 것이었다.

급히 허리를 굽혀 내 상태를 살펴보니 숨도 안 쉬고 맥박도 안 뛰더란다. 톰은 주위 사람들을 향해서 911을 불러달라고 소리치고는, 엎어져 있는 나를 바로 눕히고 가슴을 마구 내리누르기 시작했다. 영화에서 많이 봤던 장면이기는 해도, 실제로는 한 번도 배워본 적 없는 동작이었다. 톰의 기억을 빌리자면, 영원처럼 느껴질 만큼 오랫동안 인공호흡을 반복하던 중에 천만다행으로 내가 기침을 했고, 곧이어 구급차가 도착했다.

원래 구급차가 출동하는 곳은 내가 쓰러진 지점으로부터 10킬로미터 정도 떨어진 도시 반대편이다. 그런데 이 구급차는 어떻게 이토록 빨리 도착할 수 있었을까? 내가 쓰러지기 30분쯤 전에 우연히 두 건의 자동차 사고가 테니스장 근처에서 발생해 구급차 두 대가 사고 현장으로 각각 출동했다. 그런데 둘 중 한 사고의 피해가 심각하지 않았다. 덕분에 그 구급차가 현장에서 철수해 불과 수백 미터 떨어진 테니스장으로 이동해와 나를 구조한 것이다. 응급대원은 내 몸에 심장충격기 패드를 능숙하게 붙이고는 인근 병원으로 황급히 구급차를 몰았다. 병원에 도착한 나는 다시 헬기로 옮겨 실린 뒤 펜실베이니아에 있는 큰 병원으로 이송되었고, 거기서 밤새도록 얼음찜질을 받아야 했다.

의사가 나중에 들려주길 당시 나는 급성 심장마비로 생명이 위독했다고 한다. 생존 확률은 2퍼센트에 불과했고, 설령 살아남는다 해도 심각한 인지장애와 여타 중증장애를 면하기 어려웠다.

가족들은 내가 사고 이후 사흘 동안 병실 침대에서 끊임없이 횡설수설했다고 말했다. 다행히 나흘째 되던 날, 맑은 정신이 돌아왔다. 2주 뒤에는 심장운동부하 검사를 통과했고, 이후로는 다시 톰과 함께 테니스를 칠 수 있었다.

만약 사고 당일 내가 쓰러진 장소 근처에 구급차가 없었더라면 아마 나는 살아 있지 못했을 것이다. 몇몇 친구는 나더러 신의 은총을 받은 사람이라고 단언했고, 나 역시 상황을 그렇게 해석하는 그 친구들의 관점에 이견을 달지 않았다. 하지만 지금까지도 하늘이 도왔다는 식으로 넘겨버리기엔 뭔가 설명이 부족하다. 솔직히 말하면, 나는 그날 더 이상 좋을 수 없을 만큼 운이 좋았기 때문에 지금 이 순간 살아 숨 쉬는 것이라고 생각한다.

물론 우연한 사건이 항상 좋은 결과로 이어지는 것은 아니다. 마이크 에드워즈는 행운의 여신이 그를 외면했다는 이유만으로 더는 이 세상 사람이 아니다. 그는 영국의 록 그룹인 일렉트릭 라이트 오케스트라의 초기 멤버로 활동한 첼로 연주자였다. 2010년 9월, 그는 자동차를 몰고 영국의 어느 시골길을 달리던 중 도로 옆 가파른 언덕에서 600킬로그램의 건초더미가 굴러 내려와 덮치는 바람에 세상을 떠나고 말았다. 그날 마이크 에드워즈는 교통 법규를 단 한 번도 위반한 적이 없었다. 주변 사람들이 말하기를, 그는 누구에게나 사랑받을 정도로 친절하고 예의 바르며 온화한 사람이었다. 그날 '고삐 풀린' 건초더미가 그의 생명을 앗아간 사고는 전적으로 운이 너렵게 나빴기 때문이다.

사람들은 대부분 운이 좋은 덕분에 나는 살았고 에드워즈는 운이 나빠서 죽었다는 생각을 별 이견 없이 받아들인다. 하지만 다른 논의의 영역에서는 운이라는 게 훨씬 더 미묘한 방식으로 작용해 이 사람들 가운데 많은 수가 운이라는 요소를 들먹이는 설명에 반감을 품게 만든다. 특히 시장에서의 경제적 성공이 어느 정도 운에 달려 있다는 가능성에 대해서는 많은 사람이 불편한 기색을 드러낸다.

나는 몇 년 전 인생 역정에서 사소해 보이는 우연한 사건이 대부분의 사람이 인식하는 것보다 훨씬 더 중요한 역할을 하는 까닭에 대해 칼럼을 썼다.[1] 그 칼럼을 시작으로 이후 내가 썼던 여러 글이 결국 이 한 권의 책으로 발전하게 되었다. 나는 그 칼럼이 불러온 강한 비판과 반대 의견에 적잖이 놀랐다. 성공이란 전적으로 재능과 노력의 결과라고 주장하는 사람이 대부분이었다. 물론 재능과 노력이라는 요소는 정말 중요하다. 하지만 가장 커다란 보상을 차지하기 위한 사회적 경쟁이 너무나 격렬한 우리 시대에 재능과 노력만으로 승리를 보장할 수 있는 경우는 드물다. 오히려 거의 모든 경우에 상당한 행운이 뒤따라야 한다.

칼럼이 신문에 실리고 나서 며칠 후, 스튜어트 바니가 진행하는 폭스 비즈니스 뉴스쇼에서 출연 요청이 들어왔다. 바니는 행운의 중요성에 대해 철저히 회의적인 사람이었다. 타고난 낙천주의자인 나는 바니와 시청자들이 내 이야기와 그 근거를 통해서 생각해볼 계기를 찾길 바라며 출연 요청을 받아들였다.

그러나 그건 완전히 잘못된 생각이었다. 프로그램의 시작부터 끝까지 바니는 불같이 화를 냈다.[2] "저기, 잠시만요. 교수님 칼럼을 읽었을 때 제가 얼마나 모욕을 느꼈는지 아십니까? 저는 35년 전에 가진 거 하나 없이 미국으로 건너온 사람입니다. 하지만 타고난 재능과 부단한 노력으로 위험을 끊임없이 감수한 덕분에 이 땅에서 출세할 수 있었습니다. 그런데 교수님은 그것이 단지 행운 덕분이라고 『뉴욕타임스』에 쓰신 겁니까?"

내가 전하고 싶었던 진짜 메시지는 그게 아니라고, 재능과 노력 없이 성공한다는 것은 매우 어렵지만 우리 주변에는 뛰어난 재능을 가지고 부단히 노력하는데도 그에 상응하는 물질적 성공을 이루지 못하는 사람이 많다는 사실을 이야기한 것이라고 해명하기 위해 애썼다. 하지만 바니의 분노는 가라앉지 않았다. 그는 입가에 하얀 침이 고인 채로 소리쳤다. "교수님은 아메리칸드림이라는 것이 아무런 가치가 없을뿐더러 실제로 존재하지도 않는다고 말씀하시는군요!" 나는 그런 뜻이 아니라고 거듭해서 설명했다.

바니 그러면 제가 운이 좋아서 지금의 제가 되고 지금의 위치에 있게 된 건가요?

나 그렇습니다! 저도 마찬가지고요!

바니 정말 터무니없군요! 교수님, 완전히 빈손으로 미국으로 건너온다는 것이 얼마나 큰 모험인지 아십니까? 어떤 위험을 감수하는 것인지 아시느냐 말입니다. 영국 악센트를 쓰면서 미국 메이저 방송사에서 일한다는 게 얼마나 어려운 일인지 아세요? 저처럼 완전한 외국인이 말이에요! 제가 그동안 어떤 어려움을 헤치고 이 자리에 왔는지, 교수님이 아십니까?

이 고통스러운 시간은 10분 가까이 계속되었다. 나에겐 정말 영원처럼 느껴졌다. 스튜디오를 떠나 택시를 타고 집으로 돌아오면서야 비로소 내가 맞받아치지 못했던, 쉽게 생각할 수 있었던 대답들이 하나둘 떠오르기 시작했다. 바니가 완전히 빈손으로 아무것도 없이 미국에 왔다고? 말도 안 되는 소리! 나는 방송 전날 바니가 미국에 건너오기 전 런던정경대학에서 학위를 땄다는 기사를 읽었다. 사실 미국 노동시장에서 이 학위는 엄청난 스펙이나 다름없다.

영국식 억양이 핸디캡이라고? 입에 침이나 바르고 거짓말하시길! 미국인은 영국식 악센트를 동경한다! 영국 지질학자 프랭크 로즈는 1970년대에 코넬대 교수로 부임한 지 얼마 지나지 않아 대학 총장이 되었다. 언젠가 한 친구는 로즈가 수십 년 전 미국에 처음 발을 디뎠을 때보다 이후 코넬대에서 근무할 때 훨씬 더 강한 옥스브리지 억양을 구사한다고 이야기했다. 물론 언어학자들은 특정한 억양이 사회적으로 불리하기 때문에 시간이 지나면 사라지는 경향이 있다는 결과를 밝힌 바 있다. 하지만 미국에서 영국식 억양은 절대 그렇지 않다.

바니가 위험을 감수했다고? 스튜디오를 벗어나 집으로 돌아오는 택시 안에서 스스로 깨닫지 못했더라면, 나중에 몇몇 친구가 보내준 이메일을 읽고 나서야 이 말의 의미를 이해할 수 있었을 것이다. 위험을 감수한다는 말은 성공적인 결과가 확실하지 않다는 의미다. 따라서 바니가 위험을 감수하고 성공했다는 말은 당연히 그가 운이 좋았다는 뜻이다! 방송에서 바니와 토론을 벌이던 당시 내게 이 대목을 지적할 만한 기지가 없었다는 것이 참으로 안타까울 따름이다.

나는 가장 좋아하는 작가인 엘모어 레너드 소설에 등장하는 주인공처럼 임기응변이 뛰어났으면 좋겠다고 생각하곤 했다. 2013년 엘모어 레너드가 타계하고 얼마 안 돼서 미국 공영 라디오 NPR의 테리 그로스는 이전에 그와 나눈 두 차례의 인터뷰를 요약해서 방송했다.[3] 어느 시점엔가 그로스는 레너드의 소설에 등장하는 주인공들이 말솜씨가 아주 뛰어나다는 점을 언급하면서 실생활에서 작가 자신도 자기 소설의 주인공처럼 촌철살인으로 빠르게 응수하는 편이냐고 물었다.

레너드는 고개를 저었다. "아니요…… 전혀……" 글쓰기와 말하기는 다르다면서 이렇게 설명했다. "어느 하나의 대사, 완벽한 대사로 한 장면을 끝내고자 할 때…… 몇 달 동안이나 생각할 시간을 가질 수 있으니까요."

그로스는 레너드가 일상적인 대화에서 한결 재치 있는 답변을 떠올리기 위해 궁리하는지 재차 물었다. 그러자 약간의 망설임도 없이 레너드가 답했다.

"글쎄요, 현실에서는, 이런 일이 있었습니다. 애스펀 스키장에 갔어요. 오후 4시쯤 산에서 내려와 녹초가 된 몸으로 벤치에 앉아 쉬고 있었습니다. 그런데 스물다섯쯤 돼 보이는, 그러니까 저보다 서른 살 정도 어린 젊은 여성이 스키를 타고 내려와서 벤치 한편에 부츠 한쪽을 턱 올려놓더니 저를 보며 말하더군요. '기분이 정말 최고예요. 이 부츠를 벗을 때랑' 그러고는 '누군가와 잘 때랑'이라는 표현을 쓰는 겁니다."

그로스가 물었다. "그래서 뭐라고 하셨어요?"

"이렇게 대답했죠. '어어……' '에……' '아……' 이게 한 15년쯤 전이었을 겁니다." 레너드는 이날 이후 촌철살인까지는 아니더라도 뭔가 상황에 적절한 대구를 떠올리고자 계속 노력했지만 별다른 성과가 없었다고 덧붙였다.

그로스의 계속되는 질문에 본인이 임기응변에 약하다는 답변으로 이보다 더 완벽한 대답은 생각하기 어려웠다. 그들은 이런 대화를 미리 약속했을까? 그렇게 들리지는 않았다. 만약 그들이 사전에 약속한 대로 이야기한 것이 아니라면 레너드가 실제로는 임기응변에 강한 사람이라는 사실이 은연중에 드러난 셈이다. 내가 바라 마지않던 재능이다. 물론 이런 재능이 부족한 탓에 스튜어트 바니와 대화하던 대부분의 시간 동안 내가 치러야 했던 대가는 사실 일시적인 곤혹스러움이나 부끄러움에 지나지 않는다. 하지만 때로는 상당히 고통스러운 대가를 치러야 했다. 한번은 절체절명의 상황에 빠졌다가 가까스로 목숨을 부지한 적도 있다.

돌풍이 거세게 불던 어느 오후, 나는 카유가 호수에서 윈드서핑을 즐기고 있었다. 바람은 전혀 불지 않았다가 때로 시속 60킬로미터 이상으로 몰아치는 날이었다. 윈드서퍼들은 강한 바람 속에서도 돛대와 돛을 곧추세우도록 하니스를 착용하는 것이 보통이다. 하니스란 앞면에 튼튼한 금속 걸이가 달린 일종의 구명조끼로, 여기에 로프의 고리를 걸어서 붐돛을 움직이는 빗장뼈 모양의 조종대에 고정한다. (이 장비는 윈드서퍼의 몸무게 자체가 많은 일을 할 수 있도록 도와주기 때문에 붐을 잡는 손과 팔의 피로를 덜어준다. 돛을 자기쪽으로 당길 때 몸의 중심을 뒤로 보내면 팔의 힘만으로 당기는 것보다 훨씬 더 수월하기 때문이다.) 한동안 바람 한 점 불지 않았다. 그런데 전에 없던 강한 돌풍이 순간적으로 불어닥쳐 내 몸을 돛 위로 튕겨버렸다. 정신을 차리고 보니, 윈드서핑 보드가 고꾸라져 물속에 잠긴 내 위로 돛이 쓰러져 있었다. 충격으로 멍했지만 의식을 잃지는 않았다. 정신이 제법 돌아오면서 처음으로 들었던 생각은 하니스에서 로프를 제거하고 수영해서 돛 바깥으로 빠져나와야겠다는 것이었다. 하지만 몸이 여러 번 회전하다가 물에 빠지는 바람에 로프가 하니스 앞면에 있는 걸이에 너무도 단단하게 감긴 상태였다. 도저히 탈출할 수가 없었다.

나는 다음 시도로 돛과 수면 사이에 숨 쉴 수 있는 공간을 만들기 위해 머리 위에 쓰러져 있는 돛을 죽기 살기로 밀어올리기 시작했다. 하지만 돛은 꿈쩍도 하지 않았다. 그래서 하니스 걸이에 감겨 있는 로프를 풀어보려고 다시 한번 필사적으로 노력했다. 역시 아무 소용이 없었다.

이제 극심한 공포감이 밀려오고 더는 숨을 참기도 힘들어졌다. 다시 돛을 밀어올려도 보고 로프를 제거하기 위해 사력을 다해봤지만 도무지 물속에서 나올 수가 없었다. 절망이 엄습하는 그 순간, 마지막으로 한 번 더 죽을힘을 다해 수면을 뒤덮은 돛을 밀어올렸다. 그때였다! 돛과 수면 사이로 공기가 빨려 들어오는 소리, 평생 잊을 수 없는 너무나 아름다운 소리가 들리면서, 마침내 머리 위로 숨 쉴 공간이 생겼다. 나는 수면 위로 고개를 한껏 내밀고 한동안 깊은숨을 몰아쉬어야 했다.

어느 정도 마음을 가라앉히고서야 깨달았다. 진작 깨달았어야 했다. 하니스에서 로프를 제거하느라 시간과 에너지를 허비할 필요가 없었다. 그냥 하니스의 지퍼를 내려서 벗어버리고 수면을 뒤덮은 돛 바깥쪽으로 헤엄쳐 나오면 그만이었다. 결국은 구사일생으로 뭍에 오르긴 했지만, 익사하기 직전까지 이 사실을 깨닫지 못했던 것이다. 이처럼 때로 사람 목숨은 순전히 운에 좌우되기도 한다. 그날 행운의 여신은 분명 내 편이었다.

스튜어트 바니를 비롯한 수많은 사람이 막대한 부를 축적한 이들은 한결같이 재능이 뛰어나고 근면성실하며 건설적인 사고방식의 소유자라고 힘주어 부르짖는다. 하지만 이런 주장은 다소 과장된 얘기다. 립싱크하는 걸 그룹이나 세계 경제가 휘청거리기 전에 막대한 부를 거머쥔 금융 파생상품 트레이더들을 생각해보

라. 물론 시장에서 가장 커다란 성공을 거둔 인물 대부분은 굉장한 재능에 더해서 부단한 노력을 기울이는 사람들임이 분명하다. 이런 측면에서 바니의 주장도 상당히 일리가 있다.

하지만 재능도 있고 부단히 노력하지만 결코 충분한 물질적 성공을 거두지 못하는 사람들은 어떻게 설명할 수 있을까? 나는 종종 비르카만 라이를 떠올린다. 부탄 산기슭의 어느 부족 출신인 이 젊은이는 오래전 내가 평화봉사단의 일원으로 네팔의 어느 작은 마을에서 일할 때 요리를 해주던 친구였다. 글을 쓰고 있는 지금 이 순간까지도 이 친구만큼 진취적이고 재주가 많은 사람은 보지 못했다. 그는 손수 초가지붕을 만들 줄 알고 알람시계를 수리할 줄도 알았다. 훌륭한 요리사였던 그는 구두를 수선하는 솜씨 또한 기가 막혔다. 그는 소똥과 진흙 등등 자연에서 공짜로 얻을 수 있는 재료를 가지고 회반죽 비슷하게 만들어 벽에 바르는 기술도 보유하고 있었다. 염소를 잡아 고기를 능숙하게 발라내는 방법도 알았다. 지역 상인들을 서운하게 만들지 않으면서도 원하는 가격으로 물건 값을 깎는 사람이었다.

비르카만은 글을 읽고 쓰는 것조차 배운 적이 없다. 하지만 그렇게 열악한 환경에서도 사실상 거의 모든 일을, 그것도 아주 훌륭한 수준으로 해낼 수 있었다. 그런데도 내가 당시 지급할 수 있었던 쥐꼬리만 한 돈이 그가 살면서 받아본 가장 큰 봉급이었다. 만약 그가 미국이나 다른 부유한 나라에서 자랐더라면 훨씬 더 풍족한 삶을 살았을 것이고, 아마도 엄청난 성공을 거두었을 것이다. 경제학자 브란코 밀라노비치가 예상한 바에 따르면, 세계적으로 개인 간에 나타나는 소득 격차의 온갖 문제는 그 사람이 살고 있는 국가와 그 국가 내부의 소득 분배, 이 두 요인만으로 거의 절반을 설명할 수 있다.[4] 언젠가 나폴레옹 보나파르트가 말한 것처럼, "기회가 없다면 능력이란 그리 중요한 것이 아니다".

물질적 성공이 재능과 노력만으로 설명되지 않는다 하더라도, 남들이 높게 평가하는 재능이 있는 사람, 그리고 고도로 집중하면서 끈기 있게 일에 매달릴 수 있는 능력과 성향을 갖춘 사람이 훨씬 더 쉽게 성공에 이를 수 있다는 사실만큼은 우리 모두가 동의할 것이다. 하지만 그런 개인적 특성들은 또 어디에서 오는 걸까? 사실 유전자와 환경이 버무려진 결과라고 말할 수 있을 뿐이어서 (게다가 이 과정에도 임의의 영향이 중요하게 작용한다는 것이 최근 생물학계의 주장이어서) 정확히 알 수가 없다.[5]

정확한 비율은 알 수 없지만, 유전적인 요소와 환경적인 요소의 조합을 연구하면 어떤 사람이 아침에 일어나면서 일을 시작하고자 하는 강한 욕구를 느끼는지 혹은 그 반대인지를 대체로 설명할 수 있다. 나는 사실 그렇게 열정적인 사람이 아니지만, 만약 여러분이 그런 사람이라면, 운이 좋다고 말할 수 있다. 마찬가지로 여러분의 지능 역시 물려받은 유전자와 주어진 환경이 대체로 결정한다. 어떤 이유로든 머리가 좋은 사람은 사회적으로 두둑한 보상을 받는 업무들을 더 잘 수행할 가능성이 높을 테니, 역시 운이 좋은 셈이다. 경제학자 앨런 크루거가 지적하듯, 미국에서 부모의 소득과 자녀의 소득 사이의 상관관계는 0.5나 된다. 놀라운 수치가 아닐 수 없다. 부모의 키와 자식의 키 사이에서 나타나는 연관성의 크기와 거의 같은 수준이기 때문이다.[6] 따라서 여러분이 명석하고 열정 넘치는 사람이 되기를 원한다면, 각자가 취해야 마땅한 첫 번째 조치는 바로 그런 부모를 선택하는 것이다. 그러므로 여러분이 태어날 때부터 명석하고 열정이 넘치는 사람이었다면, 과연 어떤 이론을 갖다 붙여야 그런 자질을 자기 스스로 획득했다고 주장할 수 있을까? 여러분은 부모를 선택하지도 않았고, 자라온 환경을 만들지도 않았다. 그저 운이 좋은 사람일 뿐이다.

태생적으로 의지가 약하거나 노력을 게을리하는 사람, 인지적 능력을 비롯해서 시장경제 체제에서 높게 평가받는 여러 자질이 부족한 사람도 많다. 이런 이들에겐 현재 우리가 살고 있는 치열한 경쟁사회가 불운일 수밖에 없다.

요컨대 재능과 노력만으로(실제로는 그렇지 않지만) 물질적 성공이 보장된다고 해도, 행운은 여전히 성공의 필수 요소로 남아 있을 것이다. 많은 재능과 열심히 일하고자 하는 성향을 타고난 사람들은 이미 엄청난 행운을 누리고 있는 셈이기 때문이다.

하지만 개인의 타고난 특성별 차이를 설명하는 데 있어서 행운의 역할은 내가 여기서 초점을 맞추는 주제가 아니다. 대신에 나는 외부의 우연한 사건과 환경적 요인이 개개인의 삶에서 중요한 성과에 미치는 (사람들의 장점이나 단점과는 별개로 발생하는) 영향에 대해서 최근에 학자들이 알아낸 사실에 관해 이야기하고 싶다.

과거 두 차례의 사고에서 운 좋게 죽음을 모면했다는 이유만으로 내가 행운의 권위자가 되진 않을 것이다. 그러나 이들 사고로 인해 운이라는 주제에 대해 관심을 갖게 되었고 더 열심히 연구해보고자 하는 자극을 받을 수 있었다. 이런 계기가 없었다면 행운 문제에 몰두하는 일은 결코 없었을 것이다. 아울러 나는 노동시장에서 맞닥뜨린 우연한 사건들로 인해서 그런 사건이 직업적 이력을 어떻게 바꿔나가는가에 대해 더욱 적극적인 연구를 하게 되었다.

사소해 보이는 우연한 사건도 때로는 지대한 영향으로 이어질 수 있다. 여러분은 모나리자가 특별하다고 생각하는가? 킴 카다시안미국의 모델이자 방송인은 어떤가? 둘 다 유명한 인물이지만, 때로는 이들처럼 '유명하기로 유명한' 사람도 있는 법이다. 우리는 이렇게 유명한 사람의 객관적 특성을 자세히 들여다보면서 그 성공의 원인을 설명해보려고 애쓰지만, 사실 덜 유명한 다른 비슷한 사람들보다 딱히 특별한 측면이 없는 경우도 많다.

앞으로 나는 초기의 사소한 차이가 최종 결과에 있어 거대한 차이로 증폭되는 현상들을 통해 성공 여부를 판가름 짓는 과정을 설명할 것이다. 아울러 몇몇 개인의 사례를 바탕으로 가장 거대한 성공 스토리조차 얼마나 다른 각도에서 설명할 수 있는지 소개할 생각이다.

우연한 사건들은 언제나 중요했다. 그런데 어떤 측면에서 이것은 최근 수십 년간 더 중요해졌다. 한 가지 이유는 경제학자 필립 쿡과 내가 지적한 승자 독식 시장의 확산과 강화에 있다.[7] 이런 유의 시장들은 기술 발전이 어떤 영역에서 가장 재능 있는 사람들로 하여금 세력을 확장하도록 도울 때 생겨나곤 한다. 한 예로, 세무 자문업은 한때 지역에 기반을 둔 대표적인 사업이었다. 그 지역 최고의 회계사가 가장 많은 고객을 확보하고 2등을 달리는 회계사는 두 번째로 많은 고객을 확보하는 식이었다. 그런데 사용하기 쉬운 세금 계산 소프트웨어가 등장하면서 가장 능력 있는 회계사 집단이 거의 모든 고객을 독식할 수 있는 시장으로 뒤바뀌었다.

초기에는 많은 세금 계산 프로그램이 최고의 자리를 놓고 서로 경쟁했다. 하지만 평가자들 사이에서 어느 프로그램이 최고라고 결론 나면 경쟁하던 다른 프로그램들은 한순간에 쓸모를 잃어버린다. 최고로 꼽히는 프로그램을 사실상 공짜로 복사해서 사용할 수 있기 때문이다. 결국 인튜이트사의 터보 택스가 시장 전체를 사실상 장악해버렸다. 이 소프트웨어의 개발사는 어마어마한 이익을 챙겼고, 터보 택스에 버금갔던 다른 프로그램을 개발한 회사는 파산할 수밖에 없었다. 이런 시장에서 1등 제품과 2등 제품의 품질은 종이 한 장 차이인 경우가 허다하지만 이에 상응하는 보상의 차이는 상상할 수 없을 만큼 크다.

기술의 발전으로 인해서 법조계, 의료계, 체육계, 언론계, 유통

업계, 제조업계 심지어 학계에 이르기까지 다양한 영역에서 이와 비슷한 승자 독식 시장이 생겨났다. 생산과 커뮤니케이션에 있어서 새로운 방법들이 등장하면서 승자와 패자의 격차가 극대화되고 행운이 가져오는 영향 역시 확대되었다. 다른 사람보다 1퍼센트 더 열심히 일하거나 1퍼센트 더 재능이 있는 사람이 1퍼센트의 수익을 더 가져가는 것은 지당한 말씀이다. 그러나 업무 과정에서 나타나는 사소한 차이가 수익에 있어서 수천 배의 차이로 귀결된다면, 행운의 중대한 영향력에 주목하지 않을 수 없다.

승자 독식 시장이 계속 뻗어나가면서 행운의 중요성은 더욱 커졌다. 이들 시장에서 소수의 승자에게 돌아가는 막대한 보상은 결국 엄청나게 많은 경쟁자를 끌어들이기 마련이다. 그래서 경쟁자가 많아질수록 행운이라는 요인은 더욱 중요해진다.

객관적인 업무 성과만을 기초로 해서 성패가 결정되는 완벽한 능력주의 경쟁의 영역이 존재한다고 치자. 그리고 업무 성과의 98퍼센트는 재능과 노력이 결정하고 오직 2퍼센트만 행운이 결정한다고 가정해보자. 이 정도 비율이라면, 뛰어난 재능으로 열심히 노력하지 않고서는 어느 누구도 승자가 될 수 없다는 사실이 자명해 보인다. 반면, 그 승자가 운도 가장 좋은 사람일지는 불확실한 듯하다. 그러나 이와 같은 경쟁 상황에서도 행운은 대단히 중요하다. 모든 일이 최대한 잘 풀려야 승리할 수 있는 상황이기 때문이다. 재능과 노력의 정도에 있어서 거의 최고 수준에 가까운 경쟁자들이 수두룩한 데다, 그중 몇몇은 행운까지 따라줄 것이다. 따라서 행운이 업무 성과에 극히 작은 영향을 미칠 때조차, 모든 경쟁자 중 가장 재능이 뛰어나고 가장 열심히 노력하는 사람이라도, 비슷한 재능으로 비슷한 노력을 기울이지만 행운이 훨씬 더 많이 따르는 사람에게 지기 마련이다. 나중에 확인하겠지만, 이와 같은 모의 경쟁 실험을 1000번이나 반복해서 실시해도 최종 승자의 재능과 노력 점수가 나머지 모든 경쟁자보다 높은 경우는 극소수에 불과하다.

행운의 중요성에 대한 이 같은 설득력 있는 근거를 마주하고도 많은 사람이 행운을 대단치 않게 여기는 까닭은 무엇일까? 이런 경향은 성공한 사람들이 다른 요인을 배제하고 오직 재능과 노력을 강조함으로써 자신이 성취한 부의 정당성을 강화하려는 의도에서 비롯된 것인지 모른다. 하지만 나는 두 번째 가능성, 즉 행운의 중요성을 부정함으로써 사람들이 성공으로 향하는 길 위에 산재한 수많은 걸림돌을 극복하도록 돕는 측면 역시 살펴볼 것이다.

아마도 가장 중대한 걸림돌은 노력의 결과로 찾아오는 보상이 지연되거나 불확실하면 사람들이 노력을 꾸준히 기울이기 어렵다는 점일 것이다. 행운의 중요성을 강조하는 이야기들은 지금 아무리 애쓰고 노력해도 미래의 성공을 보장할 수 없다는 사실을 환기시키고, 나아가 가만히 앉아서 그저 모든 일이 잘되기를 바라는 사고방식을 조장할지 모른다고 보기 때문이다.

사람들이 잘못된 믿음 탓에 계속 노력한다는 두 번째 측면은 인간의 흥미롭고도 별난 특성을 암시한다. 여러 학자가 밝혀낸 바에 따르면, 우리 중 절반이 훨씬 넘는 사람들은 어떤 분야에서도 자신의 재능이 상위 50퍼센트 안에 든다고 믿는다. 이 말은 우리가 어떤 경쟁에서 승자가 될 가능성에 대해 현실과 달리 낙관적인 태도를 지니고 있다는 뜻이다. 따라서 사람들이 현실을 있는 그대로 보게 된다면, 실제로 성공할 가능성이 생각했던 것보다 낮다는 사실을 깨닫고, 그러면 노력 자체를 단념하거나 적어도 힘이 빠지는 상황이 빚어질 수 있다.

요컨대 성공이 오직 재능과 노력에 달려 있다고 믿으면서 자신의 재능에 대해 약간 과장된 인식을 품는 사람들이 성공을 위해 필요한 힘을 최대한 발휘하기가 더 쉬울 것이다. 그렇다면 이 잘못된 믿음은 그저 잘못된 대로 받아들일 만한 가치가 있는지도 모른다.

하지만 개인의 성공 스토리에 있어서 외적인 영향력의 중요성을 과소평가한다면, 끝내 엄청난 대가를 치를 수도 있다. 예를 들어 현실적으로 성공 가능성이 전혀 없는 경쟁의 장에 무작정 뛰어들도록 사람들을 부추기는 결과를 초래할 가능성이 있다. 더 끔찍한 것은, 성공한 사람들로 하여금 모든 사람이 물질적으로 성공하도록 돕는 사회 환경을 유지하는 데 필요한 투자를 꺼리도록 만들 수도 있다는 점이다.

언젠가 워런 버핏이 말했듯, "오늘 누군가가 나무 그늘 아래서 쉴 수 있다면, 다른 누군가가 오래전에 그 나무를 심었기 때문이다." 2012년 선거 유세 때 버핏의 격언을 떠올린 매사추세츠주 상원의원 엘리자베스 워런은 유권자들에게 고도로 발달한 법 제도와 교육 시스템, 기타 사회적 인프라를 자랑하는 미국에서 태어났으니 운이 좋은 사람들이라고 일깨우면서 이렇게 말했다.

이 나라에서 혼자 힘으로 부를 이룬 사람은 없습니다. 여러분이 저 밖에 공장 하나를 지었다고 칩시다. (…) 그러면 여기 우리가 낸 세금으로 건설한 도로를 통해 시장으로 상품을 운반할 것입니다. 역시 우리가 낸 세금으로 가르친 직원들을 고용하겠죠. 여러분의 공장은 안전할 것입니다. 왜냐하면 우리가 세금으로 유지하는 경찰과 소방관들이 있기 때문입니다. (…) 여러분이 공장을 지었고 이것이 큰 성공을 거두었다면, 정말 축하할 일이지요. 공장을 키워서 잘 유지하시기 바랍니다. 하지만 사회적 계약이 바탕을 이루고 있다는 점, 여러분도 다음 세대에 물려줘야 하는 우리 사회의 구성원이라는 점을 잊지 말아야 할 것입니다.[8]

그날 워런의 연설 장면이 담긴 유튜브 동영상은 입소문을 타고 순식간에 퍼져나갔다. 그러나 많은 논평가가 이를 비난했다. 가장 크게 성공한 기업인들은 본질적으로 자기 힘으로 부를 이뤄냈다는 사실을 모르는 것 같다면서 말이다.

곰곰이 생각해보면, 좋은 환경에서 태어난다는 것이 엄청난 행운이라는 워런의 주장을 반박하기란 쉽지 않을 것이다.[9] 더 중요한 대목은, 이런 행운은 여러 사회가 어느 정도 노력을 통해 만들어갈 수 있는 것이라는 점이다.

그러려면 높은 수준의 공공 투자가 있어야 하지만, 최근에는 여러 사회에서 이런 노력을 꺼리는 실정이다.

요즘 공공 투자를 늘리자는 주장은 무시당하기 일쑤인데, 필요한 돈을 모으기 위한 정치적, 현실적 방안이 존재하는데도 사람들이 미처 깨닫지 못하기 때문이다. 우리에게 필요한 자금을 창출하는 것은 대다수 사람이 생각하는 것보다 훨씬 더 쉬울 수 있다. 내가 이 책을 쓰게 된 가장 강력한 동기는 우리에게 그리고 우리 후손에게 더 큰 행운을 안겨줄 방법이 있는데도 지금까지 조명을 받지 못하고 있다는 안타까움이었다. 우리는 세금 정책에서 하나의 간단한 변화를 택함으로써 매년 수조 달러라는 어마어마한 돈이 낭비되지 않도록 우리의 소비 패턴을 바꿀 수 있다. 성공과 행운의 관계에 대해서 우리가 더 잘 이해한다면 그런 기회를 붙잡는 데 도움이 될 것이다.

우리가 아직 그런 기회를 포착하지 못하고 있는 현실은 우리가 내리는 결정과 선택이 준거틀frame of reference에 의해 얼마나 큰 영향을 받는지 인식하지 못한 직접적인 결과다. 예를 들면, 집은 얼마나 커야 하는가? 결혼 비용은 얼마쯤 되어야 하는가? 전통적인 경제학 이론들은 터무니없게도 이런 질문에 대한 우리의 대답이 주변 상황으로부터 전적으로 자유로워야 한다고 여긴다. 하지만 적절한 준거틀이 없다면 이런 질문에 대해서 생각하는 것조차 불가능하다.

환경이 우리가 필요하다고 느끼는 무언가를 형성한다는 사실에 대해서 부인하는 행동주의 과학자는 거의 없을 것이다. 하지만 이 간단한 사실은 경제학자들의 주목을 제대로 받지 못했고, 다른 분야의 행동주의 과학자들 역시 완전히 파악하지는 못했다. 만약 내가 환경의 영향을 또렷하게 이해하는 사람이라면, 세계에서 가장 가난한 나라 가운데 하나인 네팔에서 2년 동안 살았던 경험 덕분에 이후로 수십 년 동안 '프레이밍 효과'같은 사안이라도 어떻게 제시되느냐에 따라 해석이나 선택이 달라지는 인식의 왜곡 현상에 대해 크게 주목해왔기 때문일 것이다.

네팔에서 경험을 통해 얻은 교훈 가운데 가장 중요한 것은 물질적 삶의 기준이 극단적으로 낮았는데도 불구하고 일상을 살면서 내가 느낀 기분은 네팔에 오기 전과 놀라울 정도로 비슷했다는 점이다. 실제로 나는 네팔에서 살 때 수도와 전기가 들어오지 않는 방 두 개 딸린 집에서 지냈는데 얼마나 흡족했는지 모른다. 물론 미국 중산층 사람들 눈에는 형편없는 주거환경으로 보였을 것이다.

가난을 낭만적으로 묘사하려는 것이 아니다. 사실 한 국가의 수익이 증가할 때는 좋은 일이 많이 생긴다. 무엇보다 부유한 국가에서는 아이들이 성인이 되기 전에 사망할 확률이 훨씬 낮다. 공기와 물은 더 깨끗하고 학교 시설은 더 좋으며 도로는 더 안전하다. 내가 하고 싶은 말은 소비의 여러 영역에서 '적당하다'는 수준을 정의하는 기준은 굉장히 가변적이라는 것이다. 모든 사람이 적게 소비할 때는 적당하다는 기준도 그 수준에 맞춰 변하기 마련이다.

부유한 미국인들은 점점 더 커다란 저택을 짓고 있는데, 이런 현상은 최근 국가 소득의 대부분을 그들이 가져간 결과일 뿐이다. 하지만 일정한 규모를 넘어설 경우, 사람들이 더 큰 집에 더 큰 행복을 느낀다는 근거는 어디에도 없다. 집의 면적이 특정 수준에 도달하고 나면 전반적인 주택 면적의 증가는 그저 적당함을 정의하는 준거틀을 변화시킬 뿐이다. 마찬가지로, 현재 미국인의 평균 결혼 비용은 3만 달러[10]로 1980년에 비해 거의 세 배나 증가했지만, 그렇다고 해서 오늘날 결혼하는 커플들이 더 큰 행복을 만끽하는 것 같지는 않다. 오히려 결혼 비용의 상승이 이혼 확률을 높인다는 연구 결과도 나온다.[11] 한 예로, 경제학자 앤드루 프랜시스와 휴고 미알롱은 2만 달러 이상을 결혼 비용으로 지출한 커플이 5000달러에서 1만 달러 사이의 금액을 지출한 커플에 비해 이혼할 확률이 12퍼센트 높다고 추정했다. 프레이밍 효과는 공공 투자보다 개인 소비의 손을 들어주는 강력한 편견을 만들면서 또 다른 방식으로 낭비를 양산해왔다. 그 기본적인 개념은 자동차와 도로를 가지고 쉽게 이해할 수 있다.

도로가 없으면 자동차는 쓸모가 없으며, 자동차가 없으면 도로 역시 불필요하다는 사실에 모든 사람은 동의한다. 더 어려운 문제는 이 두 가지 요소가 최상의 조합을 이루는 균형점을 파악

포르셰 911 터보(구매가 15만 달러)　　　페라리 F12 베를리네타(구매가 33만3000달러)

하는 것이다. 하지만 미국의 도로에 나가보면 현재의 조합이 최선과는 거리가 멀다는 사실을 대번에 알 수 있다. 적어도 부유한 운전자들의 시각에서 보면 말이다. 이 사고실험을 한번 생각해보자. 부유한 자동차광은 어떤 경험을 선호할까. 매끄럽고 잘 정비된 고속도로를 포르셰 911 터보(구매가 15만 달러)를 타고 달리는 것일까, 아니면 깊게 팬 구멍으로 가득 찬 도로를 페라리 F12 베를리네타(구매가 33만3000달러)를 타고 달리는 것일까?

이 정도는 쉬운 질문이다. 몇몇 포르셰 마니아가 불만을 제기할 수도 있겠지만, 이야기를 이어가는 차원에서 두 차량이 동시에 매끈한 도로를 달린다고 가정하면, 사람들은 페라리가 더 좋은 차라고 여길 것이다.

하지만 포르셰보다 페라리가 월등하게 뛰어난 차라고 볼 수는 없을 것이다. 15만 달러짜리 포르셰도 탁월한 성능에 지대한 영향을 미치는 구조적 요소들을 대부분 갖추고 있기 때문이다. 여기서 경제학자들이 말하는 수확체감의 법칙이 맹렬하게 작용한다. 이 법칙을 통해서 우리는 특정한 수준을 넘어서면 추가적인 품질 개선을 달성하기 위한 비용이 급격하게 증가한다는 사실을 알 수 있다. 따라서 페라리가 우위를 점하고 있는 것이 있다면 그것은 기껏해야 아주 작은 부분이다. 그렇다면 잘 정비된 도로를 포르셰로 달리는 것보다 여기저기 움푹 팬 구멍이 넘쳐나는 도로를 페라리로 달리는 것이 더 즐거운 일이라고 뻔뻔하게 주장할 사람은 아무도 없을 것이다.

하지만 실제로 엄청난 부를 소유한 사람들이 선호하는 자동차와 도로 품질의 조합은 매끄러운 아스팔트를 달리는 포르셰보다 울퉁불퉁한 도로를 달리는 페라리와 훨씬 더 닮았다. 이해하기 어려운 대목이다. 후자가 훨씬 더 적은 비용으로 달성할 수 있는 조합이기 때문이다. 이와 같은 인식의 왜곡 현상은 어느 한 개인이 자동차에 적은 돈을 쓸 때 느끼는 기분과 모두가 적은 돈을 쓸 때 느끼는 기분이 완전히 다르기 때문에 발생한다. 전자의 경우 차량 구매자는 경제적 박탈감을 느낄 것이다. 하지만 모두가 적게 소비할 때는 이와 관련된 준거틀이 변하면서 운전자가 더 저렴한 차를 구입해도 이전과 마찬가지로 만족감을 느끼게 된다.

역설적이지만, 여러 사회가 현재의 소비 패턴이 너무 낭비적이기 때문에 운이 좋다고 말할 수 있다. 낭비적이라는 것은 행운이다. 낭비가 존재한다는 사실은 모두가 잘살 기회가 상존한다는 뜻이기 때문이다.

경제적 관점에서 볼 때, 사회 구성원에게 더 작은 것에 만족하라고 강요하지 않으면서도 그들이 목표를 충분히 성취하도록 자원을 재정비할 수 있다면, 현재 그 사회는 무언가가 낭비되는 상황이라고 할 수 있다. 간단히 말해서 최적화되어 있지 않다는 얘기다. 이성적인 사람이라면 이런 방식의 재정비를 어떻게 반대할 수 있겠는가?

적어도 이론적으로는 낭비를 없애자는 제안에 동의하는 것처럼 쉽게 달성할 수 있는 정치적인 목표도 없을 것이다. 참으로 간단명료한 주장이지만 그 이면에 깔려 있는 핵심적인 아이디어를 이해하는 사람은 많지 않다. 경제학자들은 우리가 목표를 추구하는 데 동원할 수 있는 모든 자원의 전체 가치를 설명하기 위해서 '경제적 파이'라는 표현을 사용하곤 한다. 따라서 낭비를 줄이는 조치라면 어떤 내용이든 간에 경제적 파이를 키우는 행위라고 말할 수 있다.

이 단순한 도형을 통해서 우리는 파이가 커져야 이전보다 더 큰 조각으로 사람들에게 나눠줄 수 있다고 배웠다. 낭비를 제거하면 사람들이 자신의 목표를 더 완벽하게 추구할 수 있다는 말과 같은 의미다. 보수주의자도, 진보주의자도 마찬가지다. 흑인도, 백인도 다를 바 없다.

차차 설명하겠지만, 낭비적인 소비 패턴을 초래하는 동기는 모호하거나 복잡하지 않다. 이 사실을 이해하기만 하면 그런 패턴을 바꾸는 것은 상대적으로 쉬운 일이다.

요컨대 우리는 절호의 기회를 마주하고 있다. 몇 가지 간단한 정책 변화만으로 수조 달러에 이르는 부가적인 자원을 확보해서 정체 상태에 빠져 있는 공공 투자로 돌릴 수 있다. 그 누구에게 도 고통스러운 희생을 강요할 필요가 없다. 이런 주장이 터무니 없는 이야기로 들릴지 모르겠다. 하지만 여러분은 논란의 여지가 없는 몇 가지 조치만으로 해결책을 마련할 수 있다는 것을 알고 놀라게 될 것이다. 물론 변화를 일으키는 일이 실제로 쉽다고 말하는 것은 아니다. 우리 앞에 놓인 기회는 개인의 행동만으로 살릴 수 있는 성질이 아니다. 우리는 반드시 집단적으로 행동해야만 한다. 이것은 하나의 도전이다. 오늘날의 정치 풍토가 현대사의 그 어느 시점보다 더 극명한 양극화를 보이기 때문이다. 허물어지는 사회기반시설을 재건하자는 제안은 강한 반대에 부딪힐 수 있다. 심지어 그런 조치가 필수라고 추상적으로 동의하는 사람들조차 반대할 수 있다.

이런 반대 가운데 일부는 정부의 효율성에 대해 많은 사람이 의문을 품었던 경험에서 비롯된다. 무능한 정부라고 했을 때, 많은 미국인의 머릿속에 가장 먼저 떠오르는 곳이라면 아마도 오랜 대기 시간과 고압적인 근무 태도로 하나의 전설이 된 차량관리국일 것이다. 예컨대 한 블로거는 오하이오주로 이사한 직후 그 지역의 차량관리국을 방문했던 기억을 이렇게 묘사하고 있다.

무지 낡고 오래된 석조건물이었어요. 아주 협소했고 여자 직원 한 명만 달랑 근무하고 있었죠. 건물 안으로 들어가니 그 직원 말고는 아무도 없기에 '번호표를 뽑으시오'라고 적힌 플라스틱 표지판을 뒤로하고 직원이 있는 창구로 곧장 갔습니다. 그러자 그 직원이 저를 노려보더니 잔뜩 찌푸린 얼굴로 "번호표를 뽑으라고요!" 하는 게 아니겠습니까. 주위를 둘러본 저는 어이없는 상황에 웃음이 나더라고요. 어쩔 수 없이 번호표를 뽑아 오래된 나무 의자에 앉았습니다. 건물 안에는 여전히 그 직원과 나 말고는 아무도 없었어요. 제가 의자에 앉자마자 그 직원은 "1번!" 하고 외쳤습니다. 그제야 "아하, 저네요!" 하면서 번호표를 들고 다시 창구로 갔습니다.[12]

이런 경험들 탓에 정부에 대한 왜곡된 시각이 종종 생겨난다는 것은 부인할 수 없는 사실이다. 그러나 시민들이 집단으로 행동할 수 있는 효과적인 체계가 없으면 사회가 발전할 수 없다는 것 또한 분명한 사실이다. 정부라는 체계가 없다면 어떻게 우리 자신을 보호하거나 재산권을 주장하거나 환경오염을 억제할 수 있겠는가? 지독하게 가난한 나라가 아니라 미국에서 태어난 것이 얼마나 행운인지 일깨워주는 훌륭한 사회기반시설을 무슨 수로 만들고 유지하겠는가?

정부는 불가피한 존재이므로 더 좋은 정부를 만드는 방법을 생각하는 편이 훨씬 가치 있다. 몇몇 국가는 다른 국가에 비해 명백히 유능하고 효율적인 정부를 운영하고 있으며, 미국도 일부 부처는 다른 부처보다 훨씬 더 효율적으로 업무를 처리한다.

정부 기관을 더 유능하고 효율적으로 바꾸는 게 가능하다는 것은 내가 1970년대에 이타카로 처음 이사해서 이용했던 과거 차량관리국과 현재 차량관리국 사이의 현저한 차이를 통해 분명히 확인할 수 있다. 1970년대의 이타카 차량관리국 역시 오하이오의 블로거가 개탄한 것처럼 관료주의적인 어리석음으로 넘쳐 흘렀지만 지금은 완전히 다르다.

나는 몇 년 전 다른 도시에 사는 사람에게 자동차를 팔았다. 그는 차를 사고 나면 어쩔 수 없이 자기 도시의 차량관리국을 방문해야 한다는 점만 빼면 거래가 잘 마무리되어서 몹시 기쁘다고 말했다. 그만큼 차량관리국을 찾아가는 것이 끔찍한 경험이라는 뜻이었다. 나는 그에게 이타카에서 차량을 등록하면 깜짝 선물처럼 기분 좋은 경험이 될 거라고 권했다. 그는 내키지 않는 듯 마지못해 동의했다. 그러나 우리는 놀랍게도 15분도 안 걸려서 새 번호판을 받아 이타카 차량관리국을 나설 수 있었다. 사실 그가 신청 서류에 몇 가지 사항을 잘못 기재하지만 않았다면 차량등록 업무 처리는 훨씬 더 일찍 끝났을 것이다. 그 실수조차 친절한 직원이 적극적으로 도와줘서 아주 쉽게 해결되었다.

무엇이 이런 변화를 만들었을까? 궁금증을 해결하기 위해 나는 톰킨스 카운티에서 서기로 일하는 오로라 밸런티와 이야기를 나눴다. 밸런티는 최근 은퇴하기 전까지 20년이 넘도록 우리 지역의 차량관리국을 책임져온 사람이다. 그가 처음 차량관리국장으로 취임했을 때, 직원들의 사기는 바닥으로 떨어진 상태였고 민원인들은 걸핏하면 분통을 터뜨리고 있었다.

한 가지 문제는 신청서를 처리하기 위해 길게 줄을 서서 기다렸던 사람들이 수수료를 내기 위해 또 한 번 줄을 서야 한다는 것이었다. 밸런티는 올버니의 주 공무원들을 치열하게 설득한 끝에 신형 단말기를 지급받음으로써 이 문제를 해결했다. 이제 민원인이 대기하는 줄은 하나뿐이다.

밸런티의 두 번째 계획은 다양한 인간관계 세미나에 참여하도록 직원들을 독려하는 것이었다. 그는 이렇게 말했다. "민원인 대부분은 자동차관리국에 가느니 차라리 치과에 가서 신경치료를 받는 것이 낫다고 생각합니다. 이런 상황에서는 여러분과 민원인 모두가 불행해질 수밖에 없습니다." 목표는 직원들이 민원인에게 무엇이든 도와드리겠다며 반가운 얼굴로 서슴없이 말하도록 권한을 부여하는 것이었다.

상황은 극적으로 반전되었다. 이제는 직원들이 신이 나서 일하는 모습이다. 내 차를 구매한 사람을 도와주던 여성 직원에게 내가 그를 이타카 차량관리국으로 데려온 이유를 설명하자, 자부심을 느낀 그녀는 한껏 상기된 얼굴로 여기서 일하는 모든 직원이 자기 업무에 무척 만족한다고 대답했다.

베를린에 본부를 둔 비정부 기구인 국제투명성기구의 연례 조사에 따르면, 좋은 정부를 만들 가능성에 대한 더 많은 근거를 확인할 수 있다. 여기서 내놓은 조사 결과를 살펴보면 국민이 정부를 높이 평가하는 국가로 늘 같은 나라들이 거론된다. 바로 뉴질랜드, 네덜란드, 스위스, 캐나다 그리고 스칸디나비아의 여러 나라다. 이들 나라에서는 자국의 공무원들이 부패했다고 여기는 사람이 거의 없을 뿐 아니라 자신이 낸 세금으로 이뤄지는 공공서비스의 질에 대해서도 대부분 만족하고 있다.

나는 유능하고 효율적인 정부가 얼마든지 가능하다고 주장한다. 우리 아이들에게 훨씬 더 나은 세상을 어렵지 않게 물려줄 수 있다는 내 주장에 대해 회의론자들이 마음을 열면 좋겠다고 바라는 마음에서다. 이 목표를 이루기 위해서 우리가 취해야 하는 조치들은 남의 권리를 침해하지도, 불필요한 요식 체계를 양산하지도 않는다. 그러나 많은 사람이 불가능하다는 확신을 품는다면 좋은 정부를 만들기 위한 노력은 물거품이 되고 말 것이다.

2장

사소한 우연이
중요한 이유

어떤 사건이 발생했을 때, 실제로는 예측할 수 없는 것이었는데도 충분히 예측 가능했다고 생각하는 경향을 심리학자들은 '사후 과잉확신 편향'이라고 부른다. 1940년대 후반에 사회학자 폴 라자스펠드는 제2차 세계대전에 참전한 군인들 가운데 시골 출신이 도시 출신 군인보다 군생활의 어려움에 훨씬 더 잘 대처했다는 사실을 보여주는 한 연구를 통해서 이런 현상을 아주 생생하게 보여주었다.[1] 라자스펠드가 예상했던 것처럼, 이 연구의 결과를 본 사람들은 전혀 놀라지 않았다. 아니, 시골에서 이미 고단한 삶을 살아왔던 병사들이 전쟁의 스트레스를 훨씬 더 잘 견뎌내는 것은 당연하지 않은가! 이런 자명한 사실을 확인하기 위해 왜 시간과 노력을 쏟아부으며 연구를 한단 말인가?

라자스펠드가 제시한 이 연구 결과는 사실 완전히 꾸며낸 것이었다. 실제로는 정반대였다. 전시에 군생활을 훨씬 더 잘해낸 군인들은 도시 출신이었다. 라자스펠드가 이야기하고 싶었던 요지는, 어떤 사건이 일어났는지 이미 안다고 생각하는 사람은 그 사건이 일어난 이유를 지어내기 쉽다는 것이다.

사회학자 덩컨 와츠는 라자스펠드의 연구를 확장하면서 이례적인 성공을 목격하는 사람들에게는 사후 과잉확신 편향이 강력한 힘으로 작동한다고 주장한다.[2] 문제는 그런 결과가 거의 예외 없이 일어날 수밖에 없었다는 식으로 이야기를 만들어내기 쉽다는 것이다. 하지만 모든 사건은 복잡하게 얽혀 있는 여러 단계의 연속이며, 각 단계는 그보다 선행하는 단계로부터 영향을 받는다. 만약 이전의 단계 중 어느 하나라도 달라지면 사건의 궤적 전체도 달라지게 마련이다.

와츠는 의심할 여지 없이 세계에서 가장 유명한 그림인 「모나리자」에 얽힌 재미있는 이야기를 통해서 자신의 주장을 보충한다. 그는 루브르 박물관을 방문하는 동안 「모나리자」를 좀더 가까이서 보겠다고 서로 밀치락달치락하는 수많은 관람객을 목격했다. 심지어 레오나르도 다빈치가 동시대에 그린 다른 유화 몇 점이 바로 인접한 갤러리에서 전시 중이었지만 그곳은 파리만 날릴 뿐이었다. 와츠에게 「모나리자」는 다빈치가 그린 다른 유화에 비해 나을 게 없어 보였다. 궁금한 마음에 약간의 조사를 해보니, 사실 「모나리자」는 세상에 나온 뒤 대부분의 기간에(거의 400년 동안) 유명하기는커녕 그저 그런 작품으로 파묻혀 있었다. 「모나리자」가 스포트라이트를 받게 된 계기는 1911년 빈첸초 페루자에 의한 도난 사건이 분명했다. 이탈리아 출신의 잡역부로 루브르 박물관에서 일하던 페루자는 어느 저녁 퇴근하는 길에 모나리자 그림을 자신의 작업복 속에 숨겨서 가지고 나왔다.

이 도둑질은 세계의 이목을 집중시켰으며 페루자가 2년 후 모나리자를 이탈리아 피렌체에 있는 우피치 미술관에 팔려다가 체포되기 전까지 미제 사건으로 남아 있었다. 이언 레슬리의 설명이다.

프랑스 사람들은 엄청난 충격에 빠진 반면, 이탈리아 사람들은 「모나리자」를 고향으로 가져오려 했던 페루자를 애국자라 칭송하며 환영했다. 이탈리아 사람인 다빈치가 그린 그림이니 당연히 이탈리아에 있어야 한다는 생각에서였다. 전 세계적으로 관련 뉴스가 쏟아졌다. 마침내 「모나리자」는 세계적으로 유명해진 첫 번째 예술품이 되었다. 이후로 「모나리자」는 서양 문화 그 자체를 대표하는 미술품의 반열에 오르게 되었다.[3]

와츠가 『상식의 배반』에서 말한 것처럼, "우리는 모나리자가 X, Y, Z의 속성을 모두 지니고 있기 때문에 세계에서 가장 유명한 미술작품이라고 주장한다. 하지만 이 말은 모나리자가 유명한 이유가 다른 무엇보다 가장 모나리사답기 때문이라고 주장하는 셈이다."[4]

　지난 40년 동안 세계에서 가장 유명한 배우 가운데 한 사람인 알 파치노의 이력에 대해서도 생각해보자. 알 파치노가 배우로 성공하지 못했다면 영화의 역사가 어떻게 흘러갔을지 팬들은 상상조차 하기 싫을 것이다. 하지만 배우로서 그의 화려한 경력은 초기에 도저히 일어날 것 같지 않았던 캐스팅 결정 때문에 시작되었다고 볼 수 있다.[5]

　애초에 패러마운트사의 임원들은 마리오 푸조의 소설을 각색한 프랜시스 포드 코폴라의 영화 「대부」에서 마이클 코를레오네 역으로 로버트 레드퍼드나 워런 비티, 라이언 오닐을 캐스팅하고 싶었다. 하지만 코폴라 감독은 진짜 시칠리아인처럼 보이는 무명 배우를 원했다. 이런 생각에 회의적이었던 임원들은 마이클 역으로 제임스 칸과 계약하라고 압박했다. 그들은 코폴라 감독이 촬영 자체를 포기하겠다고 으름장을 놓고 나서야 한 걸음 물러섰다. 결국 임원들은 마이클의 형인 소니 역으로 칸을 캐스팅했고 주인공은 알 파치노에게 맡겼다.

　푸조의 소설에서는 비토 코를레오네가 핵심적인 캐릭터였다. 하지만 코폴라가 각색한 영화에서는 비토의 막내아들인 마이클이 명백한 주인공이다. 이전까지만 해도 겨우 두 편의 작은 영화에 출연한 경력이 전부였던 알 파치노는 많은 평론가가 역사상 최고라고 일컫는 영화에서 가장 중요한 배역을 맡게 된 것이다. 코폴라가 서른세 살의 나이로 자신의 첫 영화를 감독하고 있었기 때문에 이 불가능해 보였던 캐스팅 결정은 더욱 눈길을 끌 수밖에 없었다. 신출내기 감독이 영화사 간부들과 논쟁 끝에 자신의 의견을 실제로 관철하는 경우는 거의 없었기 때문이다.

그 뒤 배우로서 알 파치노의 이력을 살펴보면 코폴라의 판단이 현명했음을 알 수 있다. 재능과 노력이면 반드시 성공할 수 있다고 믿는 사람들은 당시 알 파치노가 상대적으로 젊은 나이 탓에 설사 마이클 코를레오네 역을 맡지 못했다 하더라도 그 정도 실력이면 어떻게든 배우로서 크게 성공했을 거라고 주장할 수도 있다. 맞는 말일 수 있다. 하지만 세상에는 엄청난 재능을 가졌지만 자기 실력을 보여줄 기회를 한 번도 만나지 못하는 배우가 헤아릴 수 없이 많다.

예를 들어 브라이언 크랜스턴은 프로듀서 빈스 길리건이 TV 시리즈 「브레이킹 배드」의 주연으로 캐스팅을 제안했을 때만 해도 그저 중년의 조연배우에 불과했다. 이번에도 영화사 간부들은 한 번도 주연을 맡아본 적 없는 배우에게 큰 투자를 하는 것이 꺼림칙했다. 그래서 존 큐잭에게 주인공인 월터 화이트 역을 제안했다. 큐잭이 고사하자 매슈 브로더릭을 건드려봤지만 결과는 마찬가지였다. 길리건은 다시 한번 크랜스턴이 주인공 역으로 안성맞춤이라고 강력하게 주장했고, 결국 영화사 간부들의 허락을 받아냈다.[6]

「브레이킹 배드」는 승승장구하면서 역사상 가장 성공적인 TV 드라마 시리즈 가운데 하나로 기록되었다. 사실 주인공이 시한부

암 선고를 받은 고등학교 화학 교사에서 마약 왕이 되어가는 과정을 섬세하게 묘사한 크랜스턴의 신들린 연기가 아니었다면 불가능했을 성공이다. 크랜스턴은 드라마가 시즌 5까지 계속되는 동안 에미상을 네 차례나 받았고, 이제는 수많은 사람이 함께 작업하기를 원하는 가장 유명한 배우 가운데 한 명이 되었다. 그는 재능이 뛰어난 연기자다. 두말하면 잔소리다. 하지만 재능이 뛰어난 연기자들 중에는 세상의 관심으로부터 동떨어져 끊임없이 고군분투하는 사람도 많다. 따라서 존 큐잭이나 매슈 브로더릭이 월터 화이트 역을 맡았다면 크랜스턴은 슈퍼스타가 되지 못했을 것이라고 말하는 편이 안전해 보인다.

배우들의 경력 궤적을 보면 마태 효과Matthew effect라고 알려진 양성 피드백 회로특정 시스템의 결과물이 시스템 자체의 작동을 촉진하는 작용가 분명하게 드러난다. 이 용어는 사회학자 로버트 킹 머튼이 사소해 보이는 사건의 파급 효과가 종종 과학자의 경력을 어떻게 완전히 바꾸는가를 설명하기 위해 마태복음 25장의 "무릇 있는 자는 받아 풍족하게 되고 없는 자는 그 있는 것까지 빼앗기리라"는 구절에 착안해 만들었다.[7] 이를테면 연구 결과가 거의 같음에도 유명한 과학자가 무명의 과학자에 비해 더 많은 보상을 차지하는 상황처럼 말이다.

마태 효과는 경제학 분야에서도 적용된다. 미국에서 경제학 박사과정을 거의 끝내가는 학생들은 대부분 전미경제학회의 연차총회에서 구직활동에 나선다. 1971년, 내가 버클리대 박사과정

4년차로 구직활동을 시작할 때도 연차총회가 뉴올리언스에서 열렸다. 12월 말 어느 을씨년스러운 겨울 아침이었다. 나는 샌프란시스코에서 뉴올리언스로 가기 위해 비행기에 몸을 실었다. 며칠 동안 나를 괴롭히던 감기가 하필 그날 지독한 독감이 된 터였다. 운이 나빴다.

나는 40도의 고열과 싸우며 여러 면접에 힘겹게 참석했지만 좋은 인상을 남길 것이라는 기대는 언감생심이었다. 불 보듯 빤한 상황이었다. 정신이 멀쩡한 사람이라면 나 같은 지원자에게 2차 면접 기회를 허락하지 않을 거라고 생각하면서 침울한 기분으로 뉴올리언스를 떠났다. 그런데 놀랍게도 세 곳에서 2차 면접을 진행하고 싶다는 연락이 왔다. 코넬대에서는 동부에 있는 캠퍼스로 초청했고, 위스콘신대와 중서부에 있는 별로 유명하지 않은 대학에서도 방문 요청을 했다.

내가 처음으로 방문한 곳은 중서부에 있는 대학이었다. 당시 이곳은 학술 연구보다는 교수활동을 강조했기 때문에 나처럼 연구 지향적인 경제학자에게 이상적인 목적지는 아니었다. 하지만 내게 주어진 선택권이 제한적이라는 것도 알고 있었기에, 적극적으로 주장을 펼치면서 면접에 임했다. 만족스러운 면접이었다. 며칠 후 학과장이 직접 전화를 걸어 교수직을 제안했다.

"적어도 세 군데 모두 탈락하는 일은 안 생기겠구나." 한숨 돌린 나는 다음 목적지인 코넬대를 찾아 면접을 치렀다. 그리고 며칠 뒤 두 번째로 같이 일하자는 제안을 받았다. 열흘 정도 지나서 있을 위스콘신대 면접을 마친 뒤 내 의사를 전해도 되겠냐고 묻자 코넬대의 제안은 닷새간만 유효하므로 그럴 수 없다는 대답이 돌아왔다. 나는 그 자리에서 즉각 코넬대의 제안을 수락했다. 별로 어렵지 않은 결정이었다. 코넬대 경제학부는 위스콘신대만큼 훌륭하기도 했고, 위스콘신에서 나에게 교수직을 제안하리라는 보장도 전혀 없었기 때문이다.

이듬해 캠퍼스에 도착하고 얼마 안 지나서 내 채용과정에 관여했던 젊은 교수를 만났다. 그는 이번에 코넬대 경제학부에서 신임 교수를 7명 임용했는데, 한꺼번에 이렇게 많은 교수를 뽑은 적은 없었다면서 일곱 번째로 채용된 교수가 바로 나라고 했다. 그러고는 나를 채용해야 한다는 의견에 동의했더니 학과장이 버럭 화를 내며 회의실에서 그에게 분필을 집어던졌다고 나지막이 덧붙였다. (다혈질의 학과장은 다른 후보자를 생각하고 있었음이 분명했다.) 종합해서 말하자면, 나는 정말 가까스로 채용된 교수였다. 아울러 위스콘신대 면접에 응시했다면 합격할 가능성이 지극히 낮았다는 뜻이기도 하다.

결론적으로 나는 참 운이 좋았다. 정말 일어날 것 같지 않았던 일련의 사건이 없었더라면, 그해부터 중서부의 어느 대학에서 학생들을 가르치게 되었을 것이다. 나중에 알고 보니 당시 그 대학에 교수로 뽑힌 사람은 대학원 동창이었다. 그는 이후로 수년 동안 내게 이따금 전화를 걸어 동료 교수들 중에 관심 가는 사람이 거의 없다며 푸념을 늘어놓곤 했다. 이따금 똑똑한 대학생들과 학기 말 리포트에 대해서 활기찬 토론을 벌이는 것 말고는 자극이 될 만한 요소를 거의 못 찾겠다고 하소연하기도 했다. 무엇보다 아쉬운 점은 교수들의 연구 성과에 대한 대학 당국의 기대치가 낮다는 것이었다. 만약 내가 그곳에 갔더라면, 장담컨대 나에게 딱 맞는 곳이라고 느꼈을 것이다. 천성이 게으르고 미루기를 좋아하는 터라 관리자가 성과를 기대하지 않는다면 옳다구나 싶었을 것이다. 하지만 뜻밖의 행운 덕분에 코넬대에서 일하게 되었고, 결국 이곳은 나에게 최고의 환경이 되어주었다.

내가 코넬대학에서 종신 교수가 되는 것은 채용보다 더 가능성이 희박한 일이었다. 코넬대에서 일한 지 2년째 되던 해에 나는 이혼으로 힘든 시기를 보내고 있었다. (세상에 힘들지 않은 이혼이 있을까?) 이후 몇 년 동안 어린 두 아들의 주 양육자로 살았다. 매일 오후 3시 전에 연구실을 떠나야 한다는 의미였다. 논문 집필에 할애할 시간이 많지 않아 3년차가 끝날 무렵이 되어서야 겨우 논문 한 편을 내놓을 수 있었다. 그나마도 대학원 동기와 공동으로 집필한 논문이었다. 박사학위 논문 역시 흥미를 끌 만한 내용이 거의 없었고, 진행 중인 다른 논문도 없는 거나 마찬가지였다.

요즘에 연구 실적이 이 정도밖에 안 되는 조교수라면 3년차 교직원 평가 기간에 거의 예외 없이 해고당한다. 하지만 당시에는 그 기준이 다소 느슨했고, 내가 강의실에서 그럭저럭 잘하고 있었던 데다, 월급도 별로 많지 않았기 때문에 학부에서는 계약을 3년 더 연장해주었다. 물론 그 3년이 지난 뒤에도 내가 코넬대

에드워드 그램리치, 1939~2007
미시간대학교 제럴드 포드 공공정책대학원 제공

에 남아 있을 가능성은 매우 낮은 정도가 아니라 아예 없었다고
보는 게 맞았다.

코넬대 생활이 4년째로 접어들 무렵, 박식한 경제정책학자인
네드 그램리치가 초빙교수로 우리 학부에 부임했다.[8] 우리 둘은
금세 친구가 되었고, 토요일이면 아이들과 함께 스키를 타러 놀
러 다니기도 했다. 우리는 스키 리프트에 앉아서 경제에 관해 이
야기하며 많은 자극을 주고받았다. 그때까지 선배나 동료 교수들
중에서 내 연구에 커다란 관심을 보인 사람은 한 명도 없었다. 하
지만 네드는 노동시장에 관한 내 몇 가지 생각에 큰 흥미를 보였
고, 여러 저자의 글을 한 권의 책으로 묶는 작업을 진행 중이던
그는 책에 들어갈 논문 한 편을 써보면 어떻겠냐고 제안해왔다.

하나의 주제 아래 여러 학자의 논문을 모은 책은 실제로 정독하는 사람이 거의 없다. 따라서 이런 유의 책을 통해서 논문을 출간하는 것은 경제학 교수에게 그리 값어치 있는 경력이 되지 못한다. (2002년 노벨 경제학상을 받은 심리학자 대니얼 카너먼은 이런 유의 책에 절대 논문을 쓰지 말라고 동료들에게 잔소리한다며 내게 이야기한 적이 있다.) 하지만 연구 실적이 터무니없이 부족했던 나는 지푸라기라도 잡는 심정으로 네드의 제안을 즉시 수락했다. 나는 곧장 글쓰기에 착수했고 최선을 다했으며 결과물로 나온 논문의 질은 나름대로 만족스러웠다.

그런데 내가 초고를 네드에게 넘기자마자 그 책이 포함되기로 했던 시리즈 담당 편집장이 그에게 전화를 걸어 프로젝트 자체가 취소됐다는 사실을 알렸다. 운이 나빴다!

아니, 운이 나빠 보였다고 하는 편이 옳겠다. 나는 가장 저명하고 수준 높은 경제학 학술지 『이코노메트리카』에 그저 재미 삼아 그 논문을 보냈다. 그런데 두 달이 채 지나지 않아서 크게 수정할 필요 없이 내 글을 싣겠다는 편집장의 연락을 받았다. 이 성공에 용기를 얻은 나는 서둘러 논문에 살을 붙여서 또 다른 일류 학술지에 제출했다. 이번에도 겨우 몇 주 만에 별로 손볼 필요 없이 내 논문을 게재하겠다는 답신이 왔다.

이듬해 여름, 나는 논문 세 편을 더 써서 학술지 세 곳에 하나씩 보냈다. 이럴 수가! 3연타석 홈런이었다! 『아메리칸 이코노믹 리뷰』와 『정치경제학 저널』 그리고 『경제학 및 통계학 평론』의 편집장들로부터 모두 승인 통보를 받았다. 제출된 논문 중에 실제로 실리는 논문이 10퍼센트도 채 안 되는 일류 학술지들이었다. 이번에도 크게 손봐야 할 논문은 없었다.

아무리 생각해도 정말 희한하다. 교수 초년 시절 이후로 내가 쓴 논문 대부분은 적어도 학술지 한 곳에서는 꼭 거절당했고, 몇몇 논문은 서너 군데에서 외면받기까지 했다. 게다가 6개월 이상 지나서 편집에 관한 결정을 통보받는 것이 보통이었다. 곧바로 거절당하지 않을 때는, 편집자로부터 어마어마한 수정을 요구받곤 했다. 출간 여부는 수정한 내용에 대해서 철저한 검토를 마친 뒤에, 그러니까 또 몇 달이 넘게 걸리는 과정을 거친 뒤에 다시 이야기하는 식이었다.

물론 나는 초년 시절에 제출한 모든 논문에 대해 나름의 자부심을 느낀다. 하지만 그 이후로 쓴 논문이 전체적으로 품질이 더 높다고 확신한다. 따라서 처음 몇 편의 논문이 성공을 거둔 이유가 무엇이냐고 묻는다면, 가능성이 희박한 사건이 발생했다는 게 유일하게 그럴듯한 답변이다.

이렇게 엄청난 행운이 아니었다면, 코넬대에서 6년차에 접어들 무렵 내 종신재직권을 결정하는 회의가 열렸을 때 동료 교수들은 나를 위해 투표하지 않았을 것이다. 당시 그 회의에 참석했던 한 친구는 내 종신 재직 여부를 담당했던 평가위원회가 거의 모든 대상자의 업무 성과를 상당히 비판적으로 평가하는 것으로 알려진 저명한 외부 인사에게 나에 대한 평가를 위임했다며 나중에 귀띔해주었다. 그가 말하길, 위원회의 분명한 바람은 나에게 종신재직권을 주지 않기 위한 자료 일체를 모으는 것이었다. 하지만 나는 비슷한 시기에 채용된 다른 동료들보다 논문 평가 점수가 훨씬 높았다. 학부에서 나를 해고하려면 다른 사람들 역시 해고해야 할 판이었고, 평가위원들도 이런 조치를 내릴 수 없다는 것을 모를 리 없었다.

따라서 결코 일어날 것 같지 않았던 일련의 우연한 사건들이 없었다면(애초에 코넬대학에 채용되지 않았다면), 네드 그램리치가 초빙교수로 오지 않았다면, 초기 논문들이 나중에 그랬던 것처럼 학술지에 실리지 않는 경우가 많았다면, 또는 편집자들이 보통 때처럼 느긋하게 시간을 쓰면서 마음 내킬 때 내 논문을 검토했다면 나는 지난 수십 년간 수많은 학생과 동료를 벗 삼아 지적인 자극을 주고받으며 사귀는 즐거움을 누릴 수 없었을 것이다. 흥미로운 콘퍼런스에 수시로 초대받는 일도 없었을 것이고, 그 많은 연구보조금도 받지 못했을 것이다. 인도에서 달라이 라마와 함께 열흘을 보내는 데 초청받지도 못했을 것이고, 『뉴욕타임스』에 경제 칼럼을 쓰지도 못했을 것이다. 이외에 유쾌한 경험을 수없이 즐길 수 있었던 것은 나에게 행운이 따랐기 때문이다.

다른 분야의 성공도 사소해 보이는 우연한 사건들에 어느 정도 의존하는지 수량화가 가능할까? 앞서 언급한 사회학자 덩컨 와츠와 공동 연구자들은 스타가 되고자 하는 뮤지션들을 통해 이 질문에 대한 해답을 내놓고 싶어했다. 그래서 '음악연구소

Music Lab'라는 실험을 구상했다. 연구진은 한 웹사이트에 인디밴드 48개의 이름과 밴드별로 노래 한 곡씩을 게시했다. 내 두 아들이 뉴욕 음악계의 지독한 경쟁에서 살아남으려고 몸부림치는 '더 네포티스트'라는 인디밴드의 리더라서 아마도 어지간한 사람들보다는 내가 인디밴드에 대해 아는 게 더 많을 것이다. 하지만 음악연구소에 올라온 밴드 목록에서 내가 아는 이름은 하나도 없었다.[9]

웹사이트 방문자들은 자신이 선택한 노래를 얼마나 좋아하는지 평점을 매기는 조건으로 48곡 가운데 아무 노래나 내려받을 수 있었다. 연구자들은 노래가 얼마나 훌륭한지 '객관적으로' 평가하기 위해 방문자 평점의 평균을 냈다. 여기서 '객관적'이란 다른 사람들이 그 노래에 어떤 평점을 매겼는지 알지 못한 채 방문자들의 평가가 이루어졌다는 의미다. 이렇게 진행한 객관적인 평가의 결과는 천차만별이었다. 대부분의 사람에게 높은 점수를 받는 곡은 얼마 되지 않았고, 대다수가 낮게 평가한 곡도 몇 개 안 되었다. 높은 평가를 받은 곡과 낮은 평가를 받은 곡 사이에 상당한 점수 차이가 있었다는 것만 제외하면 방문자들의 평가에서 일관성을 찾기도 어려웠다. 한 노래에 대해서 어떤 사람은 높은 평점을 부여했고 다른 사람은 그냥 괜찮은 수준으로 평가했던 반면 또 다른 사람은 아주 낮은 평점을 부여했다.

객관적 평가 결과를 얻은 연구자들은 8개의 독립적인 웹사이트를 만들고 각각의 사이트에 이전처럼 밴드 이름 48개와 노래를 게시했다. 그런데 새로 만든 사이트에서는 첫 번째 객관적 평가 때와 달리 추가 정보를 제공했다. 방문자들이 각 노래의 다운로드 횟수와 평균 평점을 확인할 수 있도록 만든 것이다.

실험 목록에는 '52메트로'라는 밴드가 등장한다. 이 밴드의 노래 「록다운Lockdown」은 객관적 평가에서 48개 밴드 가운데 26위를 기록했다. 대략 중간 순위에 오른 것이다. 그러나 방문자의 피드백이 포함된 8개의 웹사이트에서는 극단적으로 엇갈리는 평가를 받았다. 한 사이트에서는 1위에 올랐고 다른 사이트에서는 40위에 그쳤다.

결국 어떤 노래의 평가 결과는 처음 내려받은 사람이 어떤 평점을 부여했는지에 전적으로 달려 있다는 게 밝혀졌다. 만약 첫 다운로더가 어떤 노래를 내려받고 아주 마음에 들었다면 일종의 후광 효과가 만들어지면서 다른 사람들도 그 노래를 내려받아 좋은 평점을 매길 가능성이 높았다. 하지만 처음에 다운로드해서 감상한 사람이 그 곡을 좋아하지 않으면 순위가 계속 뒤로 밀려났다.

'음악연구소'의 실험 결과에 따르면, 히트 친 많은 노래(혹은 책이나 영화)가 사실 처음 리뷰를 남긴 사람이 마음에 들었기 때문에 성공한 경우도 많다는 사실을 암시한다. 물론 의심할 여지 없이 수준 높은 작품들은 초기에 긍정적인 리뷰를 받을 확률이 높고, 설사 부정적인 평가를 받았다 하더라도 차츰 성공 궤도로 진입할 수 있다. 하지만 예술적 노력의 결과물이란 다양하고 폭넓은 주관적인 평가를 이끌어내기 마련이다. 몇몇 작품은 단순히 처음 의견을 낸 사람들이 긍정적인 평가를 내렸기 때문에 성공하게 된다. 다시 말하면, 수많은 예술적 노력이 성공으로 연결되는지 여부는 (적어도 부분적으로는) 행운에 달려 있다.

큰 성공을 거둔 많은 아티스트가 신의 은총 덕분인지 몰라도 이런 사실에 대해서 잘 모르는 것 같다. 하지만 참신하고 재미있는 예외도 있다. 「브레이킹 배드」를 만든 빈스 길리건 이야기로 돌아가보자. 브렛 마틴은 2013년 『GQ 매거진』이 올해의 남자로 선정한 길리건을 인터뷰하면서 시리즈가 성공한 이유에 대해서 물었다. 그러자 이런 대답이 나왔다.[10]

책상에 앉아서 종이 한 장을 구긴 다음, 뒤도 돌아보지 않고 어깨 너머로 던져서 휴지통에 깨끗하게 골인시켜본 적이 있나요? 휴지통에 넣을 생각도 안 했고 넣어야겠다는 스트레스도 받지 않았는데 그냥 들어간 거죠. 그런데 골을 의식하기 시작하면 아무리 시도해도 절대 넣을 수 없을 겁니다. 시리즈의 성공도 그랬던 것 같습니다. 우리는 정말 열심히 일했습니다. TV에 나오는 사람 모두가 최선을 다했어요. 최고의 드라마를 만들겠다는 생각밖에 없습니다. 정말 인간이 할 수 있는 모든 노력을 기울였지요. 그런데 말입니다, 다른 사람들도 다 그렇게 노력합니다. 왜 「브레이킹 배드」가 히트를 쳤다고 보느냐고요? 글쎄요, 말도 안 되는 이유를 줄줄 늘어놓을 수야 있겠지만, 실은…… 저도 정확한 이유를 잘 모르겠습니다. 그 이유를 알면, 어떻게 노력해야 큰 성공을 거두게 되는지 아는 셈인데, 그러면 얼마나 좋겠습니까? 솔직히 말해서, 이런 행운이 어떻게든 우리한테 찾아왔다는 것만으로 만족할 따름이에요.

사소하고 우연한 사건이 큰 결과로 이어지는 경우가 많다. 일 란성 쌍둥이가 동시에 SAT 시험을 치른다. 그날 몸이 아팠던 동생은 언니보다 200점 낮은 점수를 받고 말았다. 그리고 두 자매의 인생 역정은 그날 이후로 완전히 달라지기 시작한다. 언니는 결국 노벨 화학상을 타지만 동생은 화학과 겸임교수로 일하면서 그럭저럭 살아간다. 이처럼 아주 작은 차이가 최종 결과에 있어서 엄청난 차이로 증폭되는 사례를 우리는 자주 목격한다.

우연한 사건들은 사람들이 어떤 전문성을 추구할 것인가에 대해 구체적으로 결정하도록 만들면서 경력에 영향을 미치기도 한다. 여러분이 어떤 유의 일을 잘할 수 있는가에 대한 초기의 실마리를 마련해주는 어린 시절의 경험들은 안성맞춤인 직업을 찾는 데 도움이 된다. 하지만 누군가 그 일을 이미 차지하고 있다면, 남아 있는 것들 가운데 제일 좋은 것을 선택할 수밖에 없다.

여러분은 형제자매 가운데 몇 번째로 태어났는가? 순전히 운에 달린 문제이지만, 결정적인 역할을 하기도 한다. 내 아내는 1남 5녀 중 다섯째다. 아내가 태어났을 때, 형제자매 중에서 뛰어난 운동선수가 될 거라고 식구들의 기대를 받는 사람이 있었다. 그 결과, 아내는 운동선수가 되리라 생각해본 적이 없었다. 대신에 본인의 재능이나 관심에 딱 맞는 예술가나 음악가가 되고자 했다.

그렇다고 해도 아내에게 운동선수가 훨씬 더 잘 맞는 직업이었을지는 모르는 일이다. 플로리다 남쪽에서 자란 나는 지난 몇 해 동안 수백 명을 상대로 수상스키를 가르쳐왔다. 초보자들이 두 발로 타는 투스키를 배우고 나서 새롭게 도전하는 기술 가운데 하나는 한 발로 타는 원스키다. 상대적으로 난이도가 높은 원스키의 첫 번째 단계는 두 발로 스키를 타다가 한쪽 스키로 중심을 잡으려고 노력하면서 나머지 스키 하나를 벗어던지는 동작이다. 이것을 숙달하고 나면 정말 어려운 단계와 마주해야 하는데, 원스키 상태로 보트에 이끌려 물 밖으로 나오는 동작이다. 내가 이 기술을 가르치려고 노력했던 수많은 사람 중에서 단 한 번의 시도만으로 성공한 유일한 사람이 바로 아내였다. 운동신경이 탁월한 선수들도 여러 차례의 시도 끝에 간신히 성공하는 단계를 아내가 단숨에 해낸 것이다.

아내는 성인이 되고 나서야 훌륭한 운동신경을 타고났다는 것을 깨달았다. 형제자매 중 운동선수 자리를 이미 차지한 사람이 있었기 때문에, 운동 쪽으로는 아예 생각도 안 했던 것이다. 생각해보면, 그 자리를 다른 형제자매가 차지한 것마저 어쩌면 운이 좋았기 때문이라고 볼 수 있다.

물론 테니스의 윌리엄스 자매와 메이저리그의 알루 형제처럼 형제자매 사이에서 뛰어난 운동선수가 두 명 이상 나올 수도 있다. 하지만 내가 설명한 그 경향성 자체는 실제로 나타난다. 가령 내 막내아들은 마음속에 품고 있던 음악에 대한 열정을 오랫동안 인정하지 않았다. 친형이 그 분야에서 이미 걸출한 성과를 냈기 때문이다. 막내의 열정은 마침내 승리했지만, 녀석이 끝내 열정의 불씨를 꺼버렸을 가능성도 상상하기 어렵지 않다.

맬컴 글래드웰이 『아웃라이어』에서 상세하게 설명하듯, 성장기 가정 환경을 통해서 성공의 개인차를 이해할 수 있는 경우가 많다.[11] 예컨대 빌 게이츠는 1960년대 말에 컴퓨터 프로그래밍 단말기를 8학년 학생들이 마음대로 이용할 수 있는 미국에서 몇 안 되는 사립학교 가운데 하나를 다니는 행운을 누렸다. 프로그램을 입력하고 즉석에서 실행할 수 있는 최초의 단말기였다. 프로그래밍 언어에 오류가 있으면 바로 옆에 표시되고 즉시 수정할 수도 있었다.

나는 게이츠보다 열 살이 많다. 내가 대학에서 프로그램을 배울 때만 해도 피드백이 즉각적으로 이뤄지는 단말기란 상상할 수도 없었다. 그 시절 우리는 천공카드에 프로그램을 타이핑해야 했고, 그 카드 뭉치를 들고 가파른 언덕 위에 있는 컴퓨터 센터로 가서 출력 작업 대기 행렬에 넣어야 했다. 다음 날, 우리는 그 언덕을 다시 올라가 프로그램의 실행을 막았던 다양한 오류가 열거된 출력 정보를 가지고 돌아오곤 했다. 그러면 수정 작업을 거쳐서 천공카드를 다시 제출해야 했다. 원했던 것에는 훨씬 못 미치지만 어떻게든 실행이 되는 프로그램을 손에 넣기까지 며칠씩

걸리기 일쑤였다. 그런데 즉석에서 실행되는 단말기라니!

게이츠는 자신의 노력에 대한 즉각적인 피드백을 받으며 오랜 시간 프로그래밍에 몰두할 수 있는 최초의 미국인 가운데 한 명이 될 시기와 환경에서 태어났다. 한번은 당시에 비슷한 환경의 혜택을 받을 수 있었던 십대들이 얼마나 있었는지 누군가가 물었을 때, 게이츠는 이렇게 대답했다. "지구촌을 통틀어 50명이라도 됐으려나 모르겠습니다. 정말 그랬다면 그것만으로도 정말 놀라운 일이겠지요. 저는 그 시절 다른 누구보다 어려서부터 소프트웨어 개발에 접근할 수 있는 환경을 누렸는데, 이는 믿기 어려울 정도로 운이 좋은 일련의 사건들 덕분이었습니다."[12]

소프트웨어를 만드는 탁월하고 전문적인 능력이 없었다면 빌 게이츠는 세계에서 가장 부유한 사람 가운데 한 명이 되지 못했을 것이다. 하지만 빌의 성공을 부단한 노력과 결부시킨다 하더라도 전문적인 기술만으로 그가 이룩한 성공을 오롯이 설명할 수는 없다. 게이츠는 다른 중요한 방식으로도 행운이 따른 사람이었다.

하버드대를 중퇴한 게이츠와 고등학교 친구 폴 앨런은 나중에 마이크로소프트라 불리게 될 회사를 설립하기 위해 의기투합했다. 당시는 소프트웨어 개발 회사를 차리기에 유리한 시기였고, 두 친구의 모험적인 사업은 그 어떤 행운이 따라주지 않았다 해도 번창할 것임이 거의 확실했다. 하지만 마이크로소프트는 그저 번창한 정도의 기업이 아니다. 1990년대 말에 지구상에서 가장 값비싼 회사가 되었으니 말이다.

신생 프로그래밍 벤처기업에서 대기업으로 도약하기 시작한 결정적인 시점은 1980년, IBM에서 개발 중이던 개인용 컴퓨터의 운영체제를 만드는 데 마이크로소프트가 참여할 의향이 있는지 빌 게이츠에게 물어왔던 때였다. 게이츠는 원래 그 프로젝트를 떠맡고 싶지 않았다. 그래서 IBM 쪽에 시애틀에 있는 또 다른 소프트웨어 회사인 디지털 리서치DR를 접촉해보는 게 어떻겠냐고 제안했다. 당시 디지털 리서치는 CP/M이라 불리는 개인용 컴퓨터 운영체제를 이미 개발해둔 터였다.

IBM은 관심을 표명한 디지털 리서치 설립자 게리 킬달과 협의를 진행했다. 이 미팅 이후로 사건이 어떻게 전개되었는지에 대한 설명은 누구 말을 믿느냐에 따라 달라질 테지만, 분명한 사실은 IBM과 디지털 리서치가 의견차로 합의에 실패하는 바람에 CP/M을 판매하지 못했다는 점이다.[13] 그러자 운영체제 확보를 책임지고 있던 IBM의 지식재산권 담당자 잭 샘스는 IBM이 이른바 "급조한Quick 더러운Dirty 운영체제Operating System"라 불리는 QDOS의 소유권을 구매할지 고려 중이라며 빌 게이츠에게 말했다. QDOS는 시애틀 컴퓨터 프로덕트의 팀 패터슨이 만든 프로그램이었다. 패터슨은 킬달의 CP/M 매뉴얼을 바탕으로 QDOS를 개발했다고, QDOS는 CP/M에 기반한 운영체제라고 인정한다. 하지만 패터슨은 QDOS가 법적으로 큰 문제가 생기지 않을 만큼 CP/M과 충분히 다르다고 믿고 있었다.

이후에 일어난 일에 대해 물리학자이자 과학 저술가인 레너드 플로디노프는 이렇게 설명한다. "샘스에 따르면, 게이츠가 '당신들은 QDOS의 저작권을 원합니까, 아니면 내가 하기를 원합니까?' 하고 물었다. 그런데 샘스는 이 말에 담긴 의미를 정확히 파악하지 못하고 '무조건 당신들이 하시오'라고 했다." 샘스가 훗날 수천억 달러의 가치를 자랑하게 될 자산의 법적 소유권을 무심코 넘겨버린 순간이었다. 1981년 폴 앨런은 마이크로소프트가 대략 5만 달러에 QDOS를 구매하는 협상을 진행했다. 마이크로소프트는 그 프로그램을 더 수정해서 MS-DOS(Microsoft disk operating system)라는 이름을 붙였다. IBM은 이 운영체제를 사용하는 대가로 마이크로소프트에게 로열티를 지급하기로 동의했다.

게이츠의 가장 큰 행운은 IBM이 자사의 컴퓨터가 많이 팔리지 않으리라는 비관적 전망을 내놓은 데 있었다. 만약 IBM이 어렴풋하게나마 폭발적인 성장을 예상했더라면, 마이크로소프트가 MS-DOS에 대한 소유권을 갖는 것을 절대 허락하지 않았을 것이다. 하지만 마이크로소프트는 운이 좋았고, 새로 판매되는 컴퓨터에 운영체제가 설치될 때마다 발생하는 로열티는 훗날 최고의 기업으로 성장하는 데 가장 중요한 밑거름이 된다.

간단히 말해서, 도무지 일어날 것 같지 않았던 일련의 사건 가운데 하나라도 일어나지 않았더라면, 우리 대부분은 마이크로소프트라는 이름을 듣지도 못했을 것이다. 만약 빌 게이츠가 1955년이 아니라 1945년에 태어났더라면, 그가 다닌 고등학교에 즉각적인 피드백을 제공할 수 있는 최초의 단말기를 보유한 컴퓨터 동아리가 없었더라면, IBM이 게리 킬달의 디지털 리서치와 합의점에 이르렀다면, 팀 패터슨이 더 능숙한 지식재산권 협상가였더라면, 게이츠가 그 정도로 엄청나게 성공할 가능성은 거의 없었다고 봐야 한다.

때로는 불운해 보이는 출발이 훗날 엄청난 성공의 씨앗이 되는 때도 있다. 맬컴 글래드웰은 20세기 초 뉴욕에 이민 와서 의류 산업으로 성공을 거둔 유대인들의 경험을 사례로 든다. 당시에는 유대인의 자녀 상당수가 법대를 졸업했지만, 뉴욕의 일류 로펌에 취직하지 못했다. 로펌에서는 대개 부유한 개신교 집안 출신의 변호사를 채용했기 때문이다. 법대를 졸업한 대다수 유대인에게는 구멍가게 같은 사무실이라도 스스로 차리는 것 말고는 다른 대안이 없었다. 유대인 변호사들의 소규모 사무실에서는 엘리트 로펌에서 거들떠보지도 않는 적대적 인수합병 소송 같은 사건들을 전문적으로 다루었다. 그런데 1970~1980년대 들어서 적대적 인수합병 사건이 폭발적으로 증가했고, 이와 관련된 전문지식과 기법을 연마해온 집단은 의류 기업 노동자를 부모로 둔 유대인 변호사 집단이 유일했다. 성공의 문이 활짝 열린 셈이었다. 그들은 이 새로운 시장을 장악하면서 자신을 채용하지 않았던 로펌의 변호사들보다 엄청나게 많은 수익을 올리게 되었다.

내가 자라난 가정 환경은 다소 다른 방식으로 나에게 행운을

'얼음 왕' 프레더릭 튜더, 1783~1864

선사했다. 플로리다에서 척추지압사로 일하는 부부의 아들로 입양된 나는 엑스레이 기계가 놓인 거실에서 자랐고, 주린 배를 부여잡고 잠든 적은 없지만 그래도 집안 형편은 항상 빠듯했다. 덕분에 나는 원하는 것이 있으면 혼자 힘으로 얻어내야 한다는 사실을 일찌감치 깨달았다. 처음에는 구두를 닦았고, 나중에는 해가 뜨기 전에 신문을 돌렸다. 30대 중반이 되어서야 친어머니와 그 가족들을 만날 수 있었다. 그리고 내가 입양되지 않았더라면 성장 환경이 얼마나 달랐을지도 알 수 있었다. 친어머니와 가족들은 나를 다정하게 맞아주었고, 그 유명한 케이프코드 가문 사람들이라는 사실도 오래지 않아 알게 되었다. 내 고조부 가운데 한 분은 프레더릭 튜더로, 커다란 초상화가 하버드대학 베이커

도서관에 걸려 있다.

튜더는 '얼음 왕'으로 유명한 사람이다. 그는 19세기에 모든 사람이 비웃던 아이디어를 고집스레 밀어붙인 결과 뉴잉글랜드에서 가장 부유한 사람 중 한 명이 되었다. 그 아이디어란, 겨울에 뉴잉글랜드 호수에서 얼음을 떼어내 배에 싣고 전 세계 더운 지역의 여러 도시에 내다 파는 것이었다. 튜더의 삶에 대한 개빈 웨이트먼의 전기는 온갖 역경에도 굴하지 않고 오뚝이처럼 다시 일어서는 힘에 대한 사례 연구라 할 만하다.[14] 튜더는 여러 차례 파산했고 경제사범으로 교도소를 들락거렸지만 결국 엄청난 성공을 거두었다. 그가 축적한 어마어마한 재산은 가문 대대로 물려내려오고 있다.

덕분에 내 사촌 대부분은 어른이 되면 엄청난 '신탁자금'이 자기 몫으로 돌아올 거라는 기대 속에서 자랐다. 물론 이런 사실이 모두에게 똑같은 영향을 미치지는 않는다. 빌 게이츠 역시 부유한 가정 출신이지만 대단한 의지로 열심히 노력한 사람이라는 점에 대해서 누구도 이견을 내놓지 않는다. 그러나 만약 내가 그런 집안의 후손이었다면 어떻게 되었을지 안 봐도 뻔하다. 머지않아 여러분에게 엄청난 액수의 돈이 생긴다고 예상한다면, 성공을 위해 수많은 난관을 극복하며 의지를 불태울 수 있겠는가? 나 역시 그렇게 많은 돈이 나에게 돌아오리라는 기대 속에서 성장했더라면, 지금처럼 진정으로 즐길 수 있는 직업을 얻기 어려웠을 것이다.

사소해 보이는 우연한 요인들이 인생 역정에 중대한 변화를 초래하는 사례는 무궁무진하다. 한 예로, 세계 최고의 아이스하키 선수들 가운데 40퍼센트 정도는 1~3월생이고, 10~12월에 태어난 선수들은 10퍼센트에 불과하다.[15] 이처럼 편중된 분포가 나타나는 까닭은 명백하다. 유소년 하키 리그 참가 자격에서 생일 커트라인을 1월 1일로 잡기 때문이다. 다시 말해서 한 해를 기준으로 이른 날짜에 태어난 선수일수록 학년마다 두각을 나타낼 확률이 높다는 뜻이다. 이들은 대체로 동료들보다 덩치도 크고, 힘도 세고, 빠르고, 경험도 많다. 같은 학년의 다른 선수들보다 뛰어난 기량을 자랑할 가능성이 더 높다는 것은 지역 대표팀이나 올스타팀에 뽑힐 가능성이 더 높다는 뜻이기도 하다. 최고의 시설과 최고의 코치가 있는 프로그램에 선발될 가능성도 높고, 체육 장학금을 받을 가능성도 높다. 이외에도 다양한 혜택에 더 많이, 더 쉽게 접근할 수 있을 것이다.[16]

생일과 성취도 사이의 연관성은 다른 영역에서도 비슷하게 나타난다. 새 학기를 시작하는 날짜가 지역마다 다를 테지만, 미국에서는 여름철에 태어난 아이들 대부분이 자기 반에서 가장 어린 축에 속하는 경향이 있다. 이 단순한 사실은 이들 학생이 고등학교 시절에 리더십을 발휘할 위치에 올라설 확률이 현저하게 낮은 까닭을 설명해주는 듯하다.[17] 인지 능력이나 심리적·신체적 특성을 고려하지 않고 오직 리더십을 발휘할 수 있는 위치를 경험했는지 여부만을 따졌을 때, 리더로 활동한 학생들이 나중에 훨씬 더 많은 연봉을 받는 것으로 드러난 연구 결과가 있다.[18] 미국의 거대 기업 사례를 조사한 연구에 따르면, 6월과 7월에 태어난 CEO가 다른 달에 태어난 CEO에 비해서 3분의 1밖에 되지 않는다.[19]

심지어 이름의 첫 글자가 성취에 있어서 현저한 차이를 설명하는 데 도움이 되기도 한다. 한 예로, 상위 10위 안에 드는 각 대학 경제학부 조교수들을 조사한 결과, 성의 첫 알파벳이 빠를수록 종신재직권을 획득할 가능성이 높다는 흥미로운 연구 결과가 있다. 이 연구를 기획한 사람은 공동으로 쓴 논문일 경우 저자의 이름을 알파벳 순서로 기재하는 경제학계의 관례가 이런 결과를 초래했다고 설명한다. 저자의 이름을 알파벳순으로 적지 않는 심리학계에서는 이런 결과가 나타나지 않았다.[20]

사소해 보이는 우연한 사건들이 엄청나게 중대한 결과로 이어질 수 있다고 인정한다 해서 성공이 재능이나 노력과 무관하다는 의미는 아니다. 치열한 경쟁의 장에서 큰 성공을 거두는 인물들은 하나같이 재능도 뛰어나고 엄청나게 열심히 노력하는 사람들이다. 워런 버핏이 이끄는 버크셔 해서웨이의 부회장인 찰리 멍거는 말한다. "여러분이 원하는 무언가를 손에 넣는 가장 안전한 방법은 그만한 자격을 갖추는 것이다." 물질적인 성공을 열망하는 사람에게 가장 유용한 조언이라면 다른 사람들이 높게 평가하는 분야에서 탁월한 전문성을 키우라는 말일 것이다. 전문성은 행운이 아니라 오랜 시간과 대단한 노력을 들여야만 얻을 수 있다.

하지만 행운 역시 중요하다. 앞으로 살펴보겠지만, 많은 분야에서 물질적 성공은 엄청난 행운이 없으면 거의 불가능하다.

3장

승자 독식 시장에서
행운이
중요한 이유

같은 수준의 재능과 노력으로 열심히 일하는 사람들 사이에 상당한 소득 격차가 발생하는 까닭은 무엇일까? 그런 차이가 최근 수십 년간 크게 벌어진 까닭은 또 무엇일까? 경제학자들이 이보다 더 지속적으로 흥미를 느꼈던 질문이 또 있을까 싶다.

이 질문에 대한 전통적인 접근 방식은 노동시장을 경쟁이 치열한 실력주의 영역으로 보는 것이다. 이런 영역에서 사람들은 자신이 생산해낸 가치에 상응하는 보상을 받는다. 이와 같은 시각에서는 보상의 차이가 대체로 '인적 자본', 즉 지능, 훈련, 경험, 대인관계 능력 등 생산성에 영향을 미치는 것으로 알려진 여러 특성이 개인마다 다르기 때문에 생긴다고 본다. 다른 종류의 자산과 마찬가지로, 인적 자본 역시 시장 수익률과 직접적인 연관성이 있으므로, 소득의 개인차는 인적 자본의 개인차를 반영해야 한다는 관점이다. 예를 들어 수가 제임스보다 인적 자본이 두 배 더 크다면 수입도 대략 두 배가 많아야 한다는 것이다.

그러나 인적 자본의 크기를 아무리 정교하게 측정한다 해도 소득의 개인차가 발생하는 이유에서 아주 작은 부분밖에 설명할 수 없다. 그리고 개개인의 지능, 경험 그 외 다른 특징들의 분포가 지난 수십 년간 별로 변하지 않았기 때문에, 인적 자본이라는 관점으로는 소득 불균형이 오랜 세월 꾸준히 증가하는 사실을 제대로 설명하기 어렵다.

아울러 인적 자본의 관점은 우연한 사건들이 노동시장에 미치는 영향에 대해 아무런 언급이 없다. 인적 자본이 클수록 소득도 크다고 가정하지만, 항상 그런 것만은 아니라는 사실 또한 분명하다. 물론 소득이 상위 1퍼센트 안에 드는 사람들이 행운의 도움만으로 그 위치에 올라갈 수 있었던 것은 아니다. 그들 대부분은 피땀 흘려 열심히 일하는 사람이고 자기 분야에서 두각을 나타낸다. 다시 말해서 그들은 인적 자본이 아주 큰 사람들이다. 하지만 인적 자본이라는 개념이 놓치고 있는 측면이 있다. 어떤 역량의 경우 주어진 상황에 따라서 훨씬 더 큰 가치를 창출할 수 있다는 점이다. 1995년 필립 쿡과 나는 『승자 독식 사회』에서 뛰어난 판매원의 임무가 아동용 신발 대신 국부펀드의 금융증권을 파는 것이었다면 훨씬 더 생산적일 것이라고 주장한 바 있다.[1]

시장이 그동안 더욱 경쟁적으로 성장했다면, 인적 자본의 관점으로 설명할 수 없는 소득차가 유례없이 커진 이유는 어디에 있을까? 쿡과 나는 이전과 달라진 것은 새로운 과학기술과 시장 조직이 가장 유능한 개인에게 날개를 달아주었다는 점이라고 지적한 바 있다. 과거에 희귀병으로 고통받는 환자들이 내릴 수 있는 최선의 결정은 그 지역에서 전문성이 가장 뛰어난 의사에게 진찰을 받는 것이었다. 하지만 요즘은 환자의 의료 기록을 클릭 한 번으로 전 세계 어디로든 보낼 수 있다. 해당 질병에 관해서 세계 최고의 권위를 자랑하는 의사로부터 조언을 들을 수 있다는 뜻이다.

이런 변화는 바로 어제 시작된 것이 아니다. 19세기 영국의 위대한 경제학자 앨프리드 마셜은 각 분야의 뛰어난 생산자들이 운송의 발전에 기대어 사업 범위를 확장해나간 과정을 자세히 설명한 바 있다. 이를테면 피아노 제조업은 원래 피아노 운송비가 너무 비싸기 때문에 각 지역에 산재해서 발달할 수밖에 없었다. 소비자들이 거주하는 지역 근처에서 피아노를 만들지 않으면 터무니없이 비싼 운송비를 감당해야 하기 때문이다.

하지만 고속도로와 철도, 운하 시스템이 갖춰지면서 운송에 들어가는 비용이 급격하게 떨어졌다. 이로써 생산자들은 생산 단계별로 제품의 품질 향상에 더 집중할 수 있게 되었다. 결국 전 세계에서 최고의 피아노를 만드는 소수의 생산자만 살아남았다. 그 결과 최고의 생산자가 만든 뛰어난 제품을 더 많은 사람이 이용할 수 있게 되었으니, 당연히 좋은 일이다. 그러나 다른 경쟁 기업보다 아주 약간 우수한 제품을 만들어내는 기업이 그 산업의 수익 대부분을 가져가는 부작용이 불가피하게 발생하게 되었다.

시장이 점점 더 경쟁적으로 변하는 상황에서 우연한 사건이 더 중요해진 까닭을 이해할 수 있는 실마리가 여기에 있다. 운송비가 급격히 떨어지면, 지리적으로 고립된 시장을 오로지하고 있던 생산자들은 이제 생존을 위해 서로 치열하게 싸워야만 한다. 이런 싸움에서는 아주 작은 비용 절감 효과나 품질 우위조차 승패를 판가름 짓는 요소가 될 수 있다. 이처럼 치열한 경쟁 상황에서는 사소하고 우연한 사건들이 쉽게 결정적인 역할을 하면서 국면을 완전히 뒤바꿀 수 있다. 그리고 이 과정에서 엄청난 부를 거머쥐는 사람과 경제적 실패를 맛보는 사람이 갈린다. 따라서 행운이 더욱 중요한 요소가 되는데, 결과가 우연한 사건들에 부분적으로 좌우되는 경쟁에서는 위험성이 급격하게 상승하기 때문이다.

운송비 감소와 같은 환경의 변화는 오랜 시간에 걸쳐서 다양하게, 상당한 규모로 나타났다. 이를테면 낮아진 관세 장벽이나 통신 기술의 발달이 여기에 해당된다. 훨씬 더 중요한 점은, 제품을 가치 있게 만드는 요소들 중에서 제품에 깃든 아이디어가 점점 더 큰 비중을 차지하고 있다는 사실일 것이다. 게다가 아이디어는 무게가 안 나가기 때문에 운송비도 들지 않는다.

쿡과 나는 겉으로 보기에 비슷한 사람들 사이에 소득 격차가 벌어지는 이유, 그리고 1960년대 말부터 급격하게 악화되기 시작한 소득 불균형을 설명하려면 이러한 변화를 이해하는 것이 중요하다고 지적했다. 아울러 모든 영역에서 가장 뛰어난 사람들이 사업 범위를 확장할 수 있었던 것은 과학기술 덕분이었다고 주장했다.

각 지역을 기반으로 사업을 펼치던 회계사들은 두 차례의 파도에 떠밀려 입지를 상실했다. 첫 번째 물결은 H&R 블록 같은 프랜차이즈 서비스였고, 최근에 밀려온 두 번째 물결은 누구나 쉽게 활용할 수 있는 세무 처리 소프트웨어였다. 전통적인 소매점은 아마존 같은 온라인 쇼핑몰의 성장으로 순식간에 설 자리를 잃었다. 미국 고무 산업의 중심지인 오하이오주 애크런의 어느 훌륭한 타이어 회사는 한때 활기찬 지역 수요에 기대어 안심하고 사업을 펼쳤지만, 요즘 운전자들은 몇 안 되는 세계 최고의 기업에서 타이어를 구매하는 실정이다.

이러한 변화가 생긴 이유는 분야에 따라 다르다. 하지만 거의 모든 분야에서 중요한 원인이 된 것은 바로 정보혁명이다. 1950년대에는 미국에서 대서양을 가로질러 유럽으로 전화를 연결하기가 하늘의 별 따기처럼 어려운 일이었다. 그래서 미국의 일부 기업은 서류 내용을 근무 시간 내내 전화로 읽어주는 업무만 전문으로 담당하는 직원을 두기도 했다. 순전히 전화가 연결된 상태를 유지하기 위해서였다. 국제적으로 업무를 추진하고 조직을 관리하는 게 무척 어려울 뿐 아니라 제약이 많이 따르던 시절이었다. 이런 환경에서 기업의 생존 전략은 협소한 무대에서 최고의 생산자가 되는 것만으로도 충분한 경우가 많았다.

하지만 각 시장의 규모와 범위 모두 그사이에 엄청나게 성장했다. 한 판매자의 상품이 나머지 모든 판매자보다 좋으면 소문은 금세 퍼져나갔다. 무역 장벽의 완화와 함께 운송비 감소는 전 세계 구매자들에게 그 어느 때보다 쉽게 물건을 판매할 수 있도록 해주었다. 결론은 네트워크로 연결된 세상에서는 어디서든 경제적인 기회가 발생하기만 하면 의욕적인 기업가들이 재빨리 그것을 발견하고 이용할 수 있게 되었다는 사실이다.

또 오늘날 통신 기술은 최고의 위치에 있는 사람들에게 더 많은 보상이 돌아가게끔 만드는 강력한 네트워크 효과를 촉진했다. 이 효과는 1980년대 말 윈도우가 개인용 컴퓨터의 지배적인 플랫폼으로 성장하게 된 상황을 잘 설명해준다. 마이크로소프트의 윈도우 그래픽 사용자 인터페이스가 과거 라이벌이었던 애플의 매킨토시와 동등한 수준에 도달하자, 윈도우 사용자의 수적 우위는 결정적인 이점으로 작용했다. 소프트웨어 개발자들은 윈도우 플랫폼에 역량을 집중시켰다. 이용자가 많다는 것은 많이 팔린다는 뜻이기 때문이다. 결과적으로 이용 가능한 소프트웨어가 더 많아지면 훨씬 더 많은 이용자를 윈도우로 끌어들이게 된다. 이는 네트워크 효과의 형태로 서로가 서로를 증폭시키는 양성 피드백 고리를 형성해 결국 애플을 파산 직전까지 몰고 갔다.

네트워크 효과는 때로 한 회사의 사소한 강점으로 하여금 경쟁 회사의 뛰어난 제품에 패배의 아픔을 안기도록 한다. 수십 년 전에 치러진 베타맥스와 VHS의 싸움이 대표적인 예다. 나는 1980년대 후반에 처음으로 VCR을 샀다. 친구들 중에서는 아마도 내가 제일 마지막으로 샀던 것 같다. 지금도 생생하게 기억한다. 소니의 베타맥스 포맷이 경쟁 제품인 JVC의 VHS 포맷보다 훨씬 뛰어나다고 침을 튀기며 목청을 돋우던 판매원의 확신에 찬 얼굴을. 내가 베타맥스의 화질이 더 선명하다는 그의 주장에는 동의하면서도 베타맥스가 아니라 VHS를 사려는 이유를 들려주자, 그는 어쩔 수 없다는 표정을 지었다.

베타맥스의 문제는 초기 버전의 경우 녹화 가능한 시간이 기껏해야 60분에 불과하다는 점이었다. 내가 VCR을 구매하려는 주된 이유 가운데 하나는 TV에서 방영하는 영화를 녹화하는 것이었으므로, 심각한 단점이 아닐 수 없었다. VHS는 녹화 시간이 베타맥스보다 두 배나 길기 때문에 화질이 상대적으로 떨어지는데도 불구하고 매출이 빠르게 증가했다. VCR에서 화질이라는 결정적 강점이 녹화 시간이라는 사소한 강점에 무너진 셈이다.

일단 VHS 포맷을 채택한 VCR 제품의 수가 베타맥스를 넘어서자 블록버스터당시 미국의 대표적 비디오 대여점를 비롯한 비디오 체인들이 더 많은 VHS를 들여놓기 시작했고, 이는 VHS 포맷의 매력을 한층 높이는 결과를 낳았다.

그때는 VCR로 자녀들을 촬영해 할아버지 할머니에게 그 테이프를 보내주는 가정이 많았다. 그런데 두 집에서 같은 포맷을 사용할 때만 가능한 일이었다. VHS를 선택해야 하는 이유를 강화하는 양성 피드백 고리가 또다시 발생하는 지점이다. 그사이에 소니는 베타맥스의 녹화 시간을 어렵사리 늘렸지만 이미 시장은 VHS로 넘어간 뒤였다. 결국 베타맥스는 시장에서 쓸쓸히 퇴장해야 했다.

네트워크 효과는 고위험 승자 독식 경쟁에서 아마도 가장 중요한 임의성의 원천이기 때문에 특별히 강조할 필요가 있다. 우리가 책을 읽거나 영화를 보는 이유 중 하나는 그 경험을 다른 사람과 소통하고 공유할 수 있어서다. 물론 베스트셀러 도서나 유명한 영화를 즐겼다면 그 경험을 공유하기가 훨씬 수월할 것이다. 그러나 매년 출시되는 수많은 작품 가운데 오직 소수의 작품만이 베스트셀러 목록에 이름을 올린다.

어떤 책이 베스트셀러가 될지 말지는 수많은 요인에 달려 있다. 가장 중요한 요인은 당연히 책 자체가 좋아야 한다는 것이다. 하지만 많은 작가가 하소연하듯, 베스트셀러의 반열에 오르지 못하는 양서가 얼마나 많은지 모른다. 반면 한번 베스트셀러를 내놓은 작가는 그다음 신간이 베스트셀러가 될 가능성이 훨씬 높다. 미국에서 작가들의 첫 번째 베스트셀러를 살펴보면 『뉴욕타임스』나 『애틀랜틱』처럼 유명한 매체에서 매우 호의적인 평가를 받은 경우가 대부분이다. 하지만 대부분의 예술작품과 마찬가지로 책은 비평가로부터 다양한 반응을 이끌어내는 매체다. 앞서 언급한 음악연구소 실험을 통해서 알 수 있듯이, 베스트셀러는 첫 리뷰가 매우 호의적이었던 운 좋은 작가들의 작품일 가능성이 높다. 냉정하게 말해서, 베스트셀러 작품이라고 해도 그 목록 안에 들지 못한 수많은 책에 비해서 가치가 떨어지는 경우가 비일비재하다.

일반적으로 승자 독식 시장은 두 가지 독특한 특징을 보여준다. 첫째는 보상이 절대적 성과보다는 상대적 성과에 달려 있다는 것이다. 역사상 최고의 여성 테니스 선수 가운데 한 명인 슈테피 그라프는 1990년대 중반 내내 꾸준히 높은 수준의 경기를 보여주었다. 그런데 그라프는 1993년 4월을 기점으로 이전 1년보다 이후 1년 동안 훨씬 더 많은 성과를 냈다. 한 가지 이유는 1993년 4월 그라프의 맞수였던 모니카 셀레스가 독일에서 토너먼트 경기를 벌이던 중 그라프의 광팬이자 정신분열 증세를 보였던 남성 관중한테 칼에 찔리는 습격을 받은 사건이었다. 그는 이후로 한동안 코트를 떠나 있어야 했다. 셀레스가 없는 동안 그라프의 절대적인 실력에는 큰 변화가 없었지만 상대적인 실력은 대폭 늘었다.

승자 독식 시장의 두 번째 중요한 특징은 최상위에 올라선 소수에게 엄청난 보상이 집중된다는 것이다. 이런 상황이 빚어지는 원인은 여러 가지일 수 있지만, 가장 중요한 요인은 시장에서 경쟁하는 사람의 영향력을 한층 증폭시켜주는 생산 기술의 발전이다. 실제로 승자 독식 시장의 두 가지 특성을 모두 나타내는 음악 산업만 놓고 봐도 그렇다. 경제학자 셔윈 로젠 교수의 설명이다.

고전 음악 시장이 지금보다 규모가 컸던 적은 없었다. 그러나 악기 종류를 막론하고 오늘날 전업으로 연주하는 사람의 숫자는 수백 명 안팎에 불과하다. (성악가나 바이올리니스트, 피아니스트를 제외한 연주자는 훨씬 더 적다.) 일류 연주자들은 이 가운데서도 극히 일부에 지나지 않는다. 이들은 엄청나게 많은 수입을 벌어들인다. 아울러 이들 일류 연주자와 이들에 버금가는 연주자들의 수입에는 어마어마한 차이가 있는 것으로 알려져 있다. 그러나 누가 연주하는지 모르고 들으면 명확한 차이를 분간해낼 청중은 거의 없을 것이다.[2]

100년 전에는 음악을 감상하려면 연주회장을 찾는 방법밖에 없었다. 그때도 지금처럼 오페라 마니아들은 가장 유명한 성악가들의 노래를 듣고 싶어했다. 하지만 음악을 즐기는 유일한 방법은 공연장에 직접 가는 것뿐이었기에, 매년 수많은 연주회가 곳곳에서 열렸다. 소프라노와 테너 수천 명이 전 세계 순회공연에 나설 정도로 탄탄한 수요가 존재했다는 뜻이다. 상대적으로 수준이 낮은 음악가들은 상대적으로 수준이 높은 음악가들보다 적은 돈을 받았지만 지금처럼 현저하게 차이가 나는 것은 아니었다. 지금은 녹음 기술이 워낙 발전한 덕분에 자기가 가장 좋아하는 오페라를 공연장에서 즐기듯이 생생한 음질로 집에서도 즐길수 있다. 무대 모습 전체를 원하는 사람들은 전 세계 극장에서 공연되는 뉴욕 메트로폴리탄 오페라 컴퍼니의 방송을 HD화질로 즐길 수도 있다. 그러는 사이, 지역에 기반을 둔 오페라 회사들은 문을 닫고 있다.

가장 훌륭한 음악가가 누구인지에 대해 비평가와 청중이 어느 정도 합의에 도달하고 나면, 그 소수의 음악가가 출연한 오페라만 음반으로 팔리거나 방송을 탈 수 있다. 오늘날 대부분의 사람이 테너 이름을 셋 이상 대는 데 어려움을 느낀다. 이 소수의 슈퍼스타 테너를 제외한 다른 테너들은 '불필요'한 시장으로 변한 것이다. 어떤 테너의 공연을 음반으로 만드는 작업이 끝나면, 이 음반의 복사본을 제작하는 과정에는 사실상 비용이 거의 들어가지 않는다. 수많은 음악가는 (상당수가 최고의 음악가와 비슷한 수준인데도) 초등학교에서 음악을 가르치면서 빠듯하게 살아가는 반면, 극소수의 음악가는 일곱 자리나 되는 금액이 적힌 녹음 계약서에 서명하는 이유가 여기에 있다.

이러한 기술의 발전이 소수에게만 보상을 집중시키지 않는 사례도 있다. 크리스 앤더슨이 2006년 『롱테일』에서 설명했듯, 음악이나 책, 영화 등 여러 문화적 상품이 디지털 기술 덕분에 전례 없이 매우 작은 규모로도 경제적으로 생존할 수 있게 되었다.[3]

예를 들어 수십 년 전만 해도 영화는 극장에 상영할 수 있을 정도로 충분한 관객을 모아야만 수익을 창출할 수 있었다. 틈새 시장이 살아남을 수 있는 환경이 전혀 아니었다. (당시에 힌두어로 된 영화가 미국 중소 도시에서 상영되었다면 과연 몇 명이나 보러 왔을지 상상해보라.) 하지만 이런 환경은 넷플릭스로 인해 바뀌었다. 디지털 영화는 한계비용이 본질적으로 0원이기 때문에 이제는 영화표를 구매한 관람객을 잔뜩 끌어모으지 않아도 누구나 쉽게 영화를 볼 수 있다. 원칙적으로 이런 상황은 적어도 소규모 판매자들에게 마음 설레게 하는 새로운 가능성을 만들어준다.

롱테일다품종 소량 생산된 틈새 상품이 디지털 기술의 발전으로 시장 점유율을 높여가는 현상에 대한 앤더슨의 설명과 승자 독식에 대한 설명 모두가 디지털 기술이 어떻게 사람들의 선택을 변화시켜왔는가에 대한 중요한 대답을 포함하고 있다. 다만 승자 독식의 관점에서 바라봤을 때 그런 경향을 더 잘 설명할 수 있다고 생각한다.

디지털 음원이 판매되는 상황을 생각해보라. 롱테일의 관점을 지지하는 사람들은 예전에 판매 실적이 매우 저조했던 음반들이 이제는 팔리기 시작하면서 인기 절정인 음반들의 시장 점유율은 감소할 것이라고 예상한다. 하지만 하버드 경영대학원 애니타 엘버스 교수는 2013년 체계적인 연구 결과를 근거로 사실은 그렇지 않다고 주장했다.[4] 오늘날 판매되는 모든 노래 가운데 상위 0.00001퍼센트의 매출이 예전보다 훨씬 더 큰 비율을 차지하고 있다. (이들이 매출에서 차지하는 비율이 2007년 7퍼센트에서 2011년에는 15퍼센트로 증가했다.)

판매가 저조한 노래의 트렌드 역시 롱테일의 예상과는 반대로 흘러갔다. 실제로 연간 100회 미만으로 팔리는 음원의 비율이 2007년에는 91퍼센트였는데 2011년에는 오히려 94퍼센트로 증가한 것이다. (디지털 음원의 전체 매출이 두 배 가까이 증가한 시기였음을 고려한다면 놀라운 수치다.)

엘버스에 따르면, 출판과 영화 산업에서도 승자가 독식하는 사례는 증가하고 있다. 어떤 경우에는 소셜미디어 덕분에 호감도가 폭발적으로 올라가 엄청난 성공을 거두기도 한다. 여기서 우리는 네트워크 효과를 다시 한번 확인할 수 있다. 수많은 사람이 베스트셀러에 대한 포스팅을 주고받는 과정에서 승자가 독식할 수 있는 여건이 더 쉽게 마련되는 것이다.

또 다른 요인은, 사람들에게 시간과 에너지가 부족하다는 중요한 시장상의 제약을 완화하는 데 있어서 새로운 기술이 거의 도움이 안 되었다는 점이다. 애플의 앱스토어에서 100만 개가 넘는 상품을 하나하나 살펴볼 사람은 아무도 없다. 스워스모어 칼리지 심리학자인 배리 슈워츠 교수는 2004년에 펴낸『선택의 심리학』에서 대부분의 사람은 과도하게 많은 선택의 갈림길에서 고민하기를 원치 않는다고 지적했다.[5] 그래서 사람들은 각각의 카테고리 안에서 가장 인기 있는 상품에만 집중하는 것으로 (예컨대 인기 순위에 이름을 올린 상품만 훑어보는 식으로) 이 문제를 회피하곤 한다.

하지만 가장 잘 팔리는 상품들이 훨씬 더 많은 인기를 끌게 된다는 사실 자체가 소규모의 다양한 창의적 상품이 성공할 수 있는 황금기에 대한 롱테일의 전망이 빈말이라는 뜻은 아니다. 실제로 생산자가 아주 독특한 취향이 있는 구매자를 타깃으로 삼을 수 있을 정도로 생산 비용이 상당히 줄어들었고, 정교한 검색 알고리즘은 이런 구매자가 바로 자신이 원하던 독특한 상품을 더 쉽게 찾아내도록 돕고 있다.

창의적인 사람들이 자신의 재능을 펼치기에 요즘보다 더 좋은 기회를 맞은 적도 없다. 여러 웹사이트나 유튜브에 올라온 노래와 이야기를 거의 모든 사람이 손쉽게 접할 수 있는 세상이다. 이런 채널들은 미래의 슈퍼스타를 만들어내는 새로운 마이너리그가 되었다. 그리고 아무나 무료로 접근할 수 있기 때문에 이처럼 다양하고 창의적인 시도를 아우르는 시장은 예전보다 훨씬 더 실력이 좋은 사람들로 넘쳐나고 있다.

이런 현상을 마주하면 아픈 곳을 찔린 기분이 든다. 나는 시장이 승자 독식으로 흐를 것이라는 전망을 오래전에 내놓았지만 개인적으로는 앤더슨의 롱테일 전망이 맞기를 열렬히 바라는 사람이다. 앞서 내 두 아들 크리스와 헤이든이 이끌고 있는 얼터너티브 솔밴드 '더 네포티스트'에 대해서 언급했다. 두 녀석이 지금처럼 직장을 다니지 않고 오직 음악활동만으로 생계를 유지할 수 있으려면 아직 갈 길은 멀다. 그러나 사다리를 꾸준히 오르고 있다. 두 아들이 언젠가 반드시 성공하리라고 믿는 것은 팔이 안으로 굽어서일지도 모른다.[6] 만약 녀석들이 성공한다면, 어마어마한 보상을 받게 될 수도 있다. 하지만 크리스와 헤이든은 자기네가 그 정도 스타가 될 가능성이 지극히 낮다는 사실을 누구보다 잘 알고 있다.

최근 CEO의 연봉에 관한 트렌드를 살펴보면, 역량의 작은 차이가 연봉의 거대한 차이로 이어지는 까닭에 대해서 또 다른 실마리를 얻을 수 있다. 연간 100억 달러를 벌어들이는 어떤 회사가 CEO를 선정하는 데 최종 후보자 두 명만 남겨두고 있다고 가정해보자. 한 명은 다른 한 명보다 역량이 조금 더 뛰어나다. 회사의 최종 수익에서 3퍼센트의 차이를 일으키는 정도다. 언뜻 사소해 보이는 3퍼센트의 개인적 역량이 무려 3억 달러라는 기업적 수익으로 연결된다는 뜻이다. 역량이 약간 뛰어난 후보자가 연봉을 100만 달러나 받는다고 해도, 회사가 느끼기에는 푼돈에 불과할 수 있다.

회사가 몸집을 불려감에 따라 CEO의 영향력은 빠르게 커졌다. 뉴욕대학교 경제학자 그자비에 가베와 오귀스탱 랑디에는 2008년 논문에서, 경쟁이 치열한 시장에서 경영진의 임금은 회사의 시가총액에 정비례해서 다양하게 나타난다고 주장했다.[7] 그들은 대기업 CEO의 임금이 1980년과 2003년 사이에 6배로 증가했다는 사실을 발견했는데, 이는 이들 기업의 시가총액 증가율과 비슷했다.

하지만 경영진의 영향력 증가만으로 이들의 임금이 폭발적으로 증가한 이유를 충분히 설명할 수는 없다. 1941년부터 1953년까지 제너럴모터스를 이끈 찰스 어윈 윌슨이 회사를 운영하면서 내린 수많은 결정은 오늘날 『포천』 500대 기업의 CEO들이 내리는 비슷한 결정처럼 그 회사의 연간 최종 결산 결과에 지대한 영향을 미쳤다. 하지만 윌슨이 GM에서 일하면서 벌어들인 총수익은, 물가 상승을 고려한다 하더라도, 오늘날 최고의 CEO들이 매년 벌어들이는 수익에 비하면 보잘것없는 수준이었다.

이는 CEO 연봉의 폭발적인 증가를 설명하는 데 필수적인 두 번째 요소, 즉 CEO들에게 열린 공개채용 시장이 윌슨의 시대에는 존재하지 않았기 때문이다. 최근까지도, 대부분의 기업 이사회는 최고경영자로 믿을 수 있는 유일한 후보자는 커리어의 전부 혹은 대부분을 자신의 회사를 위해서 헌신한 직원이어야 한다는 암묵적인 믿음을 공유하고 있었다. 보통 회사 내부에 있는 최고의 후보자가 은퇴하는 CEO의 뒤를 이었고, 확실한 믿음을 주는 외부 실력자들에게는 그런 기회가 주어지지 않았다. 이런 상황에서 CEO의 연봉은 이사회와 새로 선정된 CEO 쌍방 간에 협상할 문제였다.

내부 직원에게만 초점을 맞추던 CEO 채용 경향이 지난 수십 년 동안 줄어들었는데, 이런 변화는 어느 외부 인사의 CEO 채용 사례가 적잖은 영향을 미친 결과였다. 그 사람은 바로 1993년에 RJR내비스코 CEO에서 IBM CEO로 영입된 루이스 거스트너였다. 그는 IBM 80여 년 역사상 최초로 외부에서 영입된 CEO였다. 당시에 외부에서 이 사건을 바라보던 사람들은 전직 담배 회사 CEO가 살아남기 위해 몸부림치는 거대 컴퓨터 회사를 회생시킬 수 있을지에 대해 대단히 회의적이었다. 하지만 IBM 이사회는 거스트너의 넘치는 의욕과 경영자로서의 재능이야말로 회사가 필요로 하는 것이며, 컴퓨터 지식에 관해 거스트너에게 부족한 면이 있다면 부하 직원들이 이를 메울 수 있을 거라 생각했다. IBM

의 도박은 엄청난 성공을 거두었고, 이후 외부에서 CEO를 영입하는 경향이 대부분의 업계에서 가속화되었다.

상당수 회사에서는 여전히 내부 직원을 CEO로 승진시키지만, 이런 경우에도 경영진에 대한 공개채용 시장의 확대로 인해 연봉 협상의 분위기는 완전히 바뀌었다. 이제는 내부에서 승진한 CEO라고 해도 자신의 경제적 가치에 대한 시장의 평가보다 높은 연봉을 받게 된다면, 그 자리에 오래 머물 수 없게 되었다.

한층 뜨거워진 경쟁적 시장 상황 역시 FA가 프로 선수의 연봉에 미친 것과 비슷한 방식으로 경영자의 보수에 영향을 미쳐왔다. 1980년까지만 해도 노동자의 평균 임금보다 42배 많은 보수를 받던 미국 거대 기업의 CEO들은 이제 400배를 받는다. 사소해 보이는 우연한 요소가 결과에 있어서 엄청난 차이를 초래하는 현상이 다시 한번 확인되는 대목이다.

아울러 치열한 경쟁 상황은 소비 패턴을 변화시키면서 다양한 업계의 최상위 소득층이 더 많은 수익을 올리도록 만든다. 예컨대 치과 의사들 사이에 소득 격차가 크게 벌어지는 현상도 이런 식으로 설명할 수 있다. 수익이 가장 급격하게 증가한 치과 의사들은 미용 치의학의 전문가인 경우가 많다. 이런 서비스에 대한 수요는 다른 분야에서 높은 연봉을 받는 최고 소득 계층의 구매력 상승에 힘입어 꾸준히 증가했다. 거꾸로 많은 돈을 버는 치과 의사들은 다른 분야에서 많은 돈을 버는 전문가들의 서비스 수요를 창출한다.

최근 미국의 소득분배 경향은 제2차 세계대전 이후 30년 동안 나타난 양상과는 상당한 차이를 보인다. 이 시기의 세전 소득은 다양한 소득계층이 거의 같은 비율, 즉 1년에 3퍼센트를 살짝 밑도는 비율로 증가했다. 하지만 1960년대 후반 이래로 이런 패턴은 변했다. 물가상승률을 반영한 미국 남성의 평균 시급은 당시보다 지금이 확실히 낮다. 실제로 가구당 평균 수입은 1967년과 2012년 사이에 약 19퍼센트 상승했는데, 그 이유는 여성의 노동시장 참여가 많이 증가했기 때문이다. 1970년대 중반 이래로 수입이 두 배가량 오른 상위 20퍼센트 안에 드는 사람들만이 이와 같은 소득 감소에서 벗어날 수 있었다.

인구 전체의 소득 증가 양상은 그 하위 집단에서 보이는 양상과 비슷하게 나타난다. 실제로 상위 20퍼센트 집단 안에서 하위에 속하는 이들은 소득 증가를 거의 경험하지 못했고, 가장 큰 몫은 그 집단에서 소득이 가장 높은 사람들에게 집중되었다. 또 다른 사례를 보면, 2007년 상위 5퍼센트의 소득은 1979년에 비해서 2.5배 가까이 늘어난 반면, 상위 1퍼센트의 소득은 4배나 늘었다. 1976년에는 국가 전체 세전 소득 가운데 8.9퍼센트만이 상위 1퍼센트 소득자들에게 돌아갔지만 2012년에는 그 수치가 22.5퍼센트로 올라갔다.

승자 독식이라는 키워드로 증가하는 불균형을 설명해서 모두를 납득시키기는 어려워 보인다. 한 예로, 몇몇 비평가는 CEO 연봉의 폭발적인 증가는 경영자 채용시장이 사실은 경쟁적이지 않다는 사실을 반증하는 것이라고 주장했다. CEO들이 자신의 측근을 이사회에 집어넣어서 비정상적인 고액 연봉을 승인하게 했다는 것이다. 또 업계의 거물들이 공모해서 경쟁자를 몰아낸 뒤 시장을 독점하고 그 결과 별다른 선택권이 없어진 소비자를 높은 가격으로 착취한다는 주장도 있다.

물론 이런 폐단이 발생한다고 해도 예전에 비하면 그나마 나아진 상황이다. 애덤 스미스가 『국부론』에서 언급하듯, "같은 업계 사람들은, 그저 신나게 떠들며 즐기는 자리가 있어도 서로 만날 일이 거의 없지만, 어쩌다가 만나면 대중을 우롱하거나 가격을 올릴 궁리만 일삼는다."[8] 그런데 거의 모든 CEO가 자신이 아는 사람들을 이사회에 앉히는 게 보통이므로, 이것만으로는 최근의 변화를 설명하기에 부족하다.

비평가들은 실패한 CEO들조차 훨씬 높은 성과를 이룩한 CEO만큼 엄청난 보수를 받고 있다는 지적도 잊지 않는다. 맞는 말이다. 그러나 장기적인 관점에서 살펴보면 보수와 성과의 관련성이 분명하게 드러난다. 모든 노동시장에는 가장 중요한 업무를 수행하는 사람들에 대해서 (그들이 기업 경영진이든 프로 스포츠팀 감독이든 간에) '현재 시세'라는 것이 존재하기 마련이다. 리더의 위치가 중요할수록 현재 시세도 올라간다. 대부분의 영역에서 어느 후보자가 훗날 가장 뛰어난 성과를 거둘지를 예상하기란 대단히 어렵다. 일반적으로 채용위원회는 그들이 최고라고 생각하는 사람을 뽑고 훌륭한 업무 성과에 상응하는 보수를 지급한다.

하지만 그 업무 성과가 실망스럽다면, 기업은 그 어느 때보다 신속하게 대체할 사람을 찾는다. 수십 년 전과 비교하면, 오늘날의 경영진은 회사의 손아귀에 훨씬 강력하게 붙잡힌 셈이며, 그래서 목표를 달성하지 못한 이들은 재빨리 짐을 싸야 한다. 한 예로, 레오 아포테커는 2010년 11월에 휼렛패커드 CEO로 낙점을 받았지만 2011년 9월에 회사의 주가가 곤두박질치자 곧바로 해고당했다. 2012년 자리에서 물러난 S&P500 기업의 CEO들은 2000년에 물러난 CEO들에 비해서 평균 재직 기간이 20퍼센트 짧았다.[9]

불균형의 심화를 '역량 프리미엄' 탓으로 돌리는 사람들도 있다. 고용주가 뛰어난 역량을 보유한 직원들을 점점 더 많이 원하면서 이들을 붙잡기 위해 지불해야 하는 임금이 상승했다는 것이다. 그렇다. 오늘날 대학을 졸업한 사람과 대학을 졸업하지 못한 사람 사이의 소득 격차는 30년 전보다 더 벌어졌다. 그런데 대학 졸업자들 사이의 소득 불균형 실태를 살펴보면 사회 전체의 양상과 비슷하다는 것을 알 수 있다. 지난 수십 년 동안 대부분의 대졸자에게 임금 인상은 약간 있었거나 아예 없었기 때문이다. 그래도 대학 졸업장에 따라붙는 프리미엄은 존재한다. 상대적으로 소수에 불과하지만 큰 성공을 거둔 대졸자들은 같은 시기에 소득이 어마어마하게 증가했으니 말이다.

세계화가 전문성이 가장 떨어지는 노동자들의 임금을 억지로 낮추면서 불균형을 가속화했다고 주장하는 사람들도 있다. 역시 일정 부분 맞는 말이다. 실제로 기업이 생산 라인을 임금이 더 낮은 나라로 이전하기 쉬워지면서 노동조합의 교섭력은 상당히 약해졌다. 마찬가지로 인터넷을 통한 아웃소싱도 임금 수준을 떨어뜨리는 압력으로 작용했다.

하지만 세계화의 압력만으로 사무직에서 벌어지는 이 상황을 온전히 설명할 수는 없다. 불균형성의 증가는 최저층보다 최상층에서 훨씬 더 극적으로 나타나고 있기 때문이다. 가장 높은 보수를 받는 기업 경영진이나 변호사, 의사, 심지어 목사도 여차하면 해고당하고 있다. 한마디로, 불균형의 증가는 시장의 결함이나 개발도상국의 저임금 노동자에 대한 아웃소싱이 늘어나는 탓에 발생하는 것으로 보이진 않는다.

지난 20년간 벌어진 일들을 살펴보면, 시장에서 '승자'의 영향력이 증가하는 동시에 그 자리에 오르기 위한 경쟁이 치열해지면서 승자의 소득은 끝을 모른 채 치솟았다. 의심할 여지가 없는 사실이다. 모든 측면에서 시장은 더 치열한 경쟁으로 넘쳐났고, 1995년 『승자 독식 사회』가 출간된 이후로도 가장 능력 있는 승자의 영향력은 점점 더 커져만 갔다.

또 하나 분명한 사실은 승자 독식 시장의 확산과 강화를 일으켜온 경제적 힘이 아무런 방해를 받지 않고 갈 데까지 가도록 내버려둘 수 없다는 점이다. 이런 흐름을 방치했다가는 최고의 인재를 확보하기 위한 기업 간의 경쟁과 최고의 위치에 올라서려는 개인 간의 경쟁이 날로 치열해질 것이다.

2013년에 광범위하고도 열띤 논쟁을 불러왔던 『21세기 자본』

에서 토마 피케티는 불균형이 증가하는 상황에 대해서 또 다른 이유를 제시했다. 자본수익률이 경제성장률보다 높을 때 불평등이 심화되는 것은 역사적인 경향이라는 것이다.[10] 그렇게 되면, 자본의 대부분을 차지한 사람들의 수중에 부가 계속해서 집중된다는 것이 피케티의 주장이다. 모든 상황을 두루 감안할 때, 소득과 부의 불균형이 계속 증가하는 사회가 미래에도 이어지리라는 예상은 일리가 있어 보인다. 다시 말해, 앞으로 행운이 훨씬 더 중요해질 것이다.

많은 분야에서 승자가 차지하는 막대한 보상이 너무나 많은 경쟁자를 끌어들이기 때문에 그 승자는 상당한 재능을 바탕으로 최선을 다하는 사람임이 거의 분명하다고 생각할 수 있다. 하지만 그들이 모든 경쟁자 중에서 재능도 가장 뛰어나고 가장 많은 노력을 기울이는 사람일 확률은 높지 않다. 행운이 아주 미미한 영향을 미치는 경쟁에서조차 승자는 거의 언제나 가장 운이 좋았던 사람들 가운데서 나온다. 다음 장에서는 이 문제를 자세히 살펴보자.

결론은 사소해 보이는 우연한 사건들이 경제적 보상에 있어서 엄청난 차이를 낳고 있다는 것이다. 그것도 예전보다 훨씬 더 잦은 빈도로.

4장

크게 성공한 사람
대부분이 행운아인
이유

한번은 온라인 포럼 레딧Reddit이 이용자들에게 '여러분이 실제로 겪은 일 가운데 확률적으로 가장 말이 안 되는 일은 무엇이었나?'라는 질문을 던진 적이 있다. 온갖 재미있는 답변들이 쏟아져 나왔다.

어떤 사람은 이런 글을 올렸다. "정신없이 오믈렛을 만들고 있는데 누군가가 초인종을 누르는 겁니다. 달걀 하나를 손에 쥔 채 현관으로 갔습니다. 그런데 새로 이사 온 이웃이 찾아와서는 달걀 하나만 빌릴 수 있냐고 물어보는 게 아닙니까. 내가 손에 들고 있던 달걀을 그 자리에서 건네자, 그 이웃도 저처럼 어리둥절한 표정이었습니다. 달걀을 받아 든 그는 아무 말 없이 자기 집으로 돌아갔습니다."

나는 손에 달걀을 든 채로 초인종 소리에 문을 열어본 적이 단 한 번도 없다. 달걀 하나 빌릴 수 있냐며 우리 집 현관문을 두드린 이웃도 없었다. 따라서 바로 위의 사례와 같은 일을 평생 경험하지 않을 것이라는 아주 합리적인 확신이 든다.

그런데 지난 몇 년간 이웃들이 무언가를, 대개 요리 재료나 도구 같은 물건을 빌릴 수 있냐며 이따금 현관문을 두드리고 있다. 이런 상황은 대부분 식사 시간에 일어났기에 이웃이 달걀 하나를 빌려달라고 한들 이상할 이유가 전혀 없을 것이다. 게다가 나 역시 이따금 달걀 요리를 하니 달걀 하나를 손에 들고 현관문을 열어주는 장면을 상상하기는 어렵지 않다. 따라서 나는 이 두 가지 상황이 나에게 일어나는 게 가능하다고 쉽사리 상상할 수 있다. 하지만 두 사건이 동시에 발생할 확률은 대단히 희박하다. 이 책을 읽고 있는 여러분 대다수가 이 두 사건을 동시에 겪지 못한 채 죽을 것으로 확신하는 이유도 여기에 있다.

하지만 어느 한 개인이 아니라 우리 모두를 생각해봤을 때, 이와 같은 일련의 사건이 일어날 확률은 전혀 미미하지 않다. 미국만 놓고 봐도 수억 명의 성인이 살고 있고, 이들의 아침 식사 시간만 다 합해도 매일 수억 시간은 될 것이다. 20년이 지나갔다고 생각하면 아침 식사 시간이 1조 시간은 넘어갈 것이고, 그 시간 동안 위와 같은 사건이 누군가에게 일어날 수 있을지도 모른다. 이미 미국에서만 이런 일이 여러 번, 여기서 달걀 이야기를 했으니 달걀 한 판보다 더 많이 일어났으리라고 말하는 것도 무리는 아닐 것이다.

　지금 여러분에게 확률적으로 말도 안 되는 희한한 일이 일어날 가능성과 그 사건이 언젠가 누군가에게 일어날 가능성 사이에 존재하는 어마어마한 차이로 인해서, 발생할 확률이 극히 낮은 일에 대한 직관력이 흔들리는 느낌을 받을지도 모르겠다. 물론 어느 누구도 이례적인 사건이 걸핏하면 발생하는 인생을 살지는 않는다. 하지만 오래 살다보면 누구나 믿기 어려운 몇 가지 사건을 겪게 된다. 이런 사건 대부분은 어떤 순간에라도 발생할 확률이 지극히 낮다. 그러나 여러분이 더 많은 순간을 모으면 모을수록 그 확률은 점점 높아진다. 그리고 아주 많은 사람의 아주 많은 순간을 모은다면, 매 순간을 기준으로 터무니없이 낮았던 확률이 어느 순간 피할 수 없는 확률로 변하게 된다.

　내가 개인적으로 겪었던 가장 말도 안 되는 사건은 친어머니를 찾는 과정에서 일어났다. 내 기억에 입양되었다는 사실을 몰랐던 적이 없는 것으로 보아 양부모님은 내가 아주 어렸을 때 입양 사실을 말해준 것이 틀림없다. 아울러 친부모님의 성함과 출생지를 비롯해서 몇 가지 내용을 분명히 알고 있었고 언제라도 내게 알려줄 마음의 준비가 되어 있었다.

　나는 수십 년 동안 그런 사실에 대해서 양부모님께 물어보지 않았다. 친부모님이 누구인지 궁금하지 않아서가 아니었다. 실은 나도 내가 어디서 왔는지, 왜 입양되어야 했는지 알고 싶었다. 하지만 친부모님을 찾고 나서 혹시나 마주하게 될 실망감이 걱정스러웠다.

하지만 서른다섯 살 무렵 나는 상상할 수 있는 최악의 상황조차 담담하게 받아들일 만큼 마음의 안정을 찾았다고 느꼈다. 여기서 최악의 상황이란 말할 수 없을 만큼 고약하고 형편없는 사람들로 밝혀진 친부모로부터 왜 찾아왔냐고 문전박대를 당하는 것이었다. 1980년, 마침내 나는 양어머니에게 부탁해서 친모에 대한 모든 정보를 받았다.

그리하여 나는 친어머니의 처녀 시절 이름이 제인 갈런드였다는 사실, 케이프코드에서 성장했고 명문 스미스 칼리지를 다녔으며 제2차 세계대전 동안 플로리다의 여러 육군 기지를 오가던 항공기 조종사였다는 사실을 알게 되었다. 친어머니는 그곳에 주둔하던 해군 장교의 아이를 갖게 되었지만 결혼을 선택할 수 없었다. 해군 장교가 자신의 고향에 있는 여성과 이미 약혼한 상태였기 때문이다. 그래서 친어머니는 나를 입양시키기로 결정했다. 이어서 내 양아버지를 우연히 알게 되었고, 어느 부부가 입양할 아이를 간절히 찾고 있다는 이야기를 들었다. 양아버지는 자신과 아내가 아이를 원하는 바로 그 부부라고 말하지 않은 채, 입양에 대한 구체적인 논의가 이뤄지도록 돕겠다고 제안했다.

친어머니를 찾기 위한 첫 단계는 스미스 칼리지에 전화를 걸어 제인 갈런드라는 졸업생의 연락처를 알려줄 수 있냐고 물어보는 것이었다. 학교는 그 이름을 가진 여성이 실제로 1940년대 초에 스미스를 다녔지만 1년간 재학하다가 중퇴했다고 확인해주었다.

학교 측은 연락처를 알려줄 수는 없다면서도 고향이 매사추세츠 주 버저즈만이라고 했다.

나는 버저즈만에 있는 전화국에 전화를 걸어 제인 갈런드라는 이름이 전화번호부에 있는지 물었다. 없었다. 대신 같은 성을 가진 네 사람의 연락처를 알 수 있었는데, 그중에는 크리스토퍼, 데이비드, 튜더라는 이름이 있었다. 나는 네 명의 전화번호를 모두 받아 적은 다음, 먼저 튜더에게 전화를 걸어보기로 했다. 어떤 여성이 전화를 받았다. 나는 번호가 맞는지 모르겠지만 제인 갈런드라는 사람과 통화하고 싶다고 말했다. 그러자 상대방이 말했다. "아, 제인 크레이머를 말씀하시는군요. 제인은 지금 버지니아에 살고 있어요." 제인의 전화번호를 묻자 그는 자기도 잘 모른다고 했다. 하지만 제인의 딸 데이나의 연락처는 알려줄 수 있다고 말했다. 나에게 여동생이 있다는 사실을 처음으로 알게 된 순간이었다. (그때로부터 30년도 더 지난 뒤에야 여동생이 한 명 더 있다는 것을 알게 되었다!)

나는 데이나가 내 존재를 알고 있는지조차 몰랐기 때문에 직접 전화를 걸어도 되는지 망설여졌다. 당시 코넬대학에서 알게 된 역사학자 친구가 내 친어머니 찾는 일을 도와주고 있었다. 그가 이렇게 해보면 어떻겠냐며 내게 제안해왔다. 자신이 데이나에게 먼저 전화를 걸어서, 지금 1940년대에 여자대학을 졸업한 여성들에 대한 연구를 진행하고 있는데 어머니가 무작위 표본으로 뽑혔다고 말해보겠다는 것이다. 나는 데이나를 속여야 한다는 점이 마음에 걸렸지만, 어머니와 먼저 이야기도 나눠보지 않은 채 데이나에게 이 엄청난 뉴스를 불쑥 꺼내기보다는 이쪽이 더 친절한 방식으로 여겨져 친구의 제안에 동의했다. 친구는 데이나에게 전화를 걸었고, 데이나는 선뜻 어머니의 연락처를 알려주었다. 이제 나는 친어머니의 연락처는 물론 버지니아주 델러플레인의 어느 마을, 내가 가진 그 어떤 지도에서도 찾을 수 없을 정도로 작은 마을에 있는 집 주소까지 모두 알게 되었다.

그때 나는 앞으로 어떻게 해야 할지 확신이 서지 않았다. 친어머니에게 남편이 있는지, 있다면 나에 대해서 아는지 알 수 없었다. 내 편지나 전화 한 통으로 인해 친어머니가 매우 곤란한 상황에 처하는 것은 아닌지 걱정스러웠다. 나는 친어머니의 상황을 파악하기 위해 델러플레인으로 직접 가서 알아보는 게 어떨까 싶었다. 이 문제를 놓고 며칠 동안 고민하던 차에, 나는 내 인생에서 처음이자 마지막으로 도무지 이해할 수 없는 기묘한 상황을 경험했다.

당시 우리 집 건너편에는 수전 밀러라는 여성이 살고 있었다. 나는 수전의 고향이 버지니아주 어디쯤이라는 것을 알고 있었다. 어느 오후, 수전과 우연히 마주친 김에 델러플레인이 버지니아주 어디에 있는지 혹시 아느냐고 물었다. 수전은 깜짝 놀란 듯 얼굴이 창백해지더니 왜 알고 싶으냐고 되물었다. 내가 친어머니를 찾고 있다는 것을 알고 있는 수전은 델러플레인에 있는 친어머니의 집주소를 어렵사리 알아냈다는 내 말을 듣자마자 이렇게 소리쳤다. "거기가 내 고향이에요! 어머니 성함이 어떻게 돼요??"

내가 친어머니 이름을 대자 수전이 말했다. "제인 크레이머! 아는 분이에요!" 그뿐만이 아니었다. 데이나도 아주 잘 알고 있었다. 델러플레인 인근에 위치한 힐 컨트리 데이 스쿨을 같이 다녔고, 8학년 때는 바로 옆 자리에 앉았던 사이다. 좌석이 알파벳 순서로 배정되어서 가능했던 일이다. 수전은 친어머니가 데이나의 아버지인 무니라는 남성과 짧은 결혼생활을 한 뒤 크레이머란 남성과 결혼했지만 자신이 알기로는 지난 20년 동안 혼자 지내왔다고 말했다.

이런 사실을 알게 된 나는 부담 없이 친어머니에게 편지를 썼다. 당시 어머니를 찾겠다고 결심했을 때 내 최대 관심사는 내가 무언가를 필요로 해서 연락한 게 아니라고 어머니를 안심시키는 것이었다. 좋은 직장에 다니고 경제적으로도 넉넉하며 이식해야 할 장기가 필요한 것도 아니라고 편지를 띄운 기억이 아직도 생생하다. 내 유일한 바람은 어머니를 만나서 어머니에 대해 좀더 알고 싶은 것이라고 썼다. 나는 편지를 우체통에 밀어넣으면서 이 편지가 앞으로 어떤 파장을 불러올지 무척 초조해했던 기억이 난다.

며칠이 지나서 퇴근하고 집에 와보니 친어머니가 남긴 메시지가 녹음되어 있었다. 나는 곧바로 전화를 걸었고, 친어머니가 수화기를 들자마자 내가 누구인지 소개했다. 친어머니는 당신이 내 어머니가 맞다면서 이렇게 자기를 찾아줘서 정말 기쁘다고 말했다. 그리고 내가 어떤 사람으로 성장했을지 늘 궁금해했다는 이야기도 덧붙였다.

어머니는 실은 여동생이 내 존재를 몰랐다고 말했다. 데이나는 항상 자기한테도 오빠가 있었으면 하고 바랐고, 어렸을 때 몇몇 이웃 소년에게 오빠 노릇을 시키면서 놀았다고 했다. 어머니는 내 편지를 받고 그 소식을 데이나에게 전했더니 동생이 흥분과 설렘을 감추지 못했다고도 했다. 나는 친어머니와 조금 더 이야기를 나누고 전화를 끊으면서 이번에는 데이나한테 전화를 걸겠다고, 우리 셋이 함께 만날 수 있으면 좋겠다고 말했다.

내 연락을 받은 데이나는 나를 당장 만나러 오겠다고 말했다. 당시 버저즈만에 있는 조그만 공항에서 비행 교관으로 일하던 데이나는 자신이 비행기를 빌릴 수 있으면 이튿날 이타카로 날아가도 괜찮은지 내게 물었다. 물론이었다! 잠시 뒤 데이나는 모든 준비가 다 되었고 내일 아침 11시쯤 이타카 공항에 도착한다고 알려왔다. 다음 날, 일찌감치 공항에 도착해 동생을 기다리던 내 눈에 6월의 청명한 하늘을 가로지르며 날아오는 데이나의 비행기가 들어왔다. 동생은 능숙하게 비행기를 착륙시키고 만면에 미소를 머금은 채 조종석에서 내려왔다.

동생을 만나다니! 얼마나 신나고 즐거웠는지 모른다. 그때까지만 해도 열두 살, 열 살이던 두 아들이 내 유일한 핏줄인 줄로 알았다. 그런데 이제 한 명 더 생긴 것이다! 비행기를 격납고에 넣고 돌아온 동생을 태우고 시내로 차를 몰았다. 우리는 해변에 있는

레스토랑에서 점심을 함께 했다.

이야기를 나누다가 데이나가 그다지 많이 먹지 않는 것을 알아차리고 원래 양이 적은지 물었다. 동생은 평소 아주 잘 먹는데 오늘은 마음이 너무 들떠서 그런지 많이 못 먹겠다고 했다. 그러고는 지나가는 말로 오래전에 『뉴요커』에 실린 만화를 스크랩한 적이 있다고 말했다. 밥을 안 먹고 아장아장 도망다니는 아기한테 중국인 엄마가 "어서 밥 먹으렴, 한링! 웨스트버지니아 아이들은 얼마나 굶주리는지 아니?" 하고 타이르는 장면이었다면서 말이다.

요즘 사람들은 이 만화가 왜 우스운지 잘 모를 것이다. 하지만 우리 나이 정도 된 사람들은 "음식 남기지 마라, 중국 아이들은 얼마나 굶주리는지 아느냐"라는 말을 귀에 못이 박히도록 들으면서 자랐다. 내가 깜짝 놀란 이유는 나 역시 15년도 더 전에 이 만화를 오려서 대학 기숙사 방에 붙여놓았기 때문이다! 그리고 가리는 음식이 많은 사람과 함께 식사할 때면 이 만화를 종종 거론했었다.

예술적 취향과 유머 감각은 사람마다 다른 법이다. 아마도 유전적인 요소와 관련이 깊을 것이다. 따라서 동생과 내가 그 만화에 대해 강하게 반응한 것은 공통된 유전자 몇 가닥 때문일지 모른다. 하지만 데이나의 어린 시절 학급 친구가 수십 년 뒤에 우리 앞집에 살게 된 이유에 대해서는 그럴듯한 설명을 도무지 떠올리지 못하겠다. 버지니아주 델러플레인에 있는, 아무도 들어본 직

없는 조그만 마을에 사는 누군가가, 역시 대부분이 들어본 적 없는 이타카의 우리 앞집으로 이사 올 가능성은 동전을 던져서 스무 번 연속으로 앞면이 나올 확률보다 확실히 낮을 것이다. 내 이야기를 들은 친구들은 이런 만남을 단순한 우연으로 보기 어렵다며 입을 모았다. 운명이었거나 하늘이 도운 결과라는 말이었다.

하지만 내가 믿는 진짜 메시지는 이보다 훨씬 단순하다. 여러분도 상당히 오랜 세월을 살다보면 도무지 일어날 것 같지 않은 어떤 사건을 경험하게 될 것이다. 동전을 던져서 앞면이 스무 번 연속으로 나올 확률은 0.000001 정도다. 동전을 100만 번쯤 던져야 한 번 나올까 말까 한 확률이다. 우리가 인생을 살아가면서 경험하는 대부분의 사건은 여러 작은 계기가 복잡하게 얽히고설킨 결과다. 우리는 평균 수명을 살면서 수백만 가지 사건을 경험하게 된다. 도저히 일어날 수 없는, 말도 안 되는 사건이 몇 차례 발생하기 마련이다.

사회에서 가장 커다란 경제적 보상을 누가 가져갈지 결정하는 경쟁의 장에서도 마찬가지다.

수천만 명의 미국 소년이 그렇듯, 나도 한때 메이저리그 야구 선수가 되는 게 꿈이었다. 하지만 그 꿈을 현실화하는 과정은 갈수록 어려워지는 허들을 뛰어넘는 것에 비유할 수 있다. 고등학교에 진학할 무렵이 되면 청소년 선수 대부분은 자발적 또는 비자발적으로 자신의 모험을 포기할 것이다. 하지만 이 시점이 지나도 여전히 수많은 선수가 꿈을 좇는 여정을 이어간다.

하이스쿨베이스볼웹미국 고교 야구 선수, 학부모, 코치에게 대학팀 또는 프로팀 입단 관련 정보를 제공하는 웹사이트에 따르면, 1만5000개가량의 팀과 45만 명에 이르는 선수들이 전국고등학교야구연맹에 등록되어 있다.[1] 매년 프로야구 신인 드래프트에 참가 자격이 주어지는 14만 명이 넘는 선수들 가운데 고작 1500명만 지명을 받는다. 그리고 메이 저리그 30개 구단은 선수 명단에 오직 25명의 이름만 올릴 수 있 다. 이 1500명 대부분은 메이저리그에서 단 1이닝도 뛰지 못한다 는 뜻이다.

물론 이 경쟁에서 최고의 승자가 되면 실로 막대한 보상을 받는 다. 2014년 디트로이트 타이거즈는 1루수인 미겔 카브레라와 8년 연장 계약에 합의했다. 총액 2억4800만 달러, 연평균 3100만 달 러라는 대단한 금액이었다. 왜 그토록 많은 사람이 이처럼 위험 성이 계속 증가하는 경쟁에 뛰어드는지 이해가 가고도 남는다.

경쟁자 수가 증가할수록 어떤 유의 경쟁이라도 우연한 사건이 결정적인 역할을 할 가능성이 더 높아진다. 경쟁자가 넘쳐나는 전장에서 승리하려면 미흡한 부분이 거의 없어야 하기 때문이다. 결국 행운이 전체적인 업무 성과 가운데 아주 작은 부분만 좌우 할 때조차 승자는 거의 언제나 운이 매우 좋은 사람 중에서 나 온다는 의미가 된다.

이러한 경쟁 상황에서 행운의 역할이란 육상 경기에서 바람의 영향과 매우 비슷하다. 육상 경기에서 세계 신기록을 세운다는 것은 육상 선수에게 무엇과도 비교할 수 없는 최고의 업적이다.

세계 신기록을 세운 육상 선수들은 거의 초인적인 수준의 재능과 가혹한 훈련을 오랜 세월 견딜 수 있는 불굴의 의지를 타고난 사람들이다. 예외가 존재하기 어렵다. 하지만 여기서도 행운이라는 친구의 엉뚱한 짓거리가 중요한 요소로 작용한다. 기록을 세우기 위해서는 사실상 모든 일이 순조롭게 돌아가야 하기 때문이다.

100미터와 110미터 허들(여자는 100미터 허들), 멀리뛰기, 삼단뛰기 등 육상 경기 4종목의 기록은 미세하지만 측정 가능한 수준의 역풍 또는 순풍이 불었는지 여부에 영향을 받는다. 이 때문에 육상연맹은 초속 2미터가 넘는 순풍이 부는 상황에서 작성된 세계 기록은 인정하지 않는다고 못 박고 있다.

〈표 4.1〉에는 현재 육상 종목 세계 기록 가운데 8개가 나와 있는데, 이 가운데 7개는 순풍이 부는 가운데 작성된 것이고 역풍이 부는 가운데 작성된 기록은 하나도 없다. 표에는 안 나오지만 이들 기록이 세워지기 바로 직전의 세계 기록을 살펴봐도 7개가 순풍의 도움을 받아 작성되었다. (한 가지 예외는 여자 100미터였다. 이때는 순풍도 역풍도 불지 않았다.)[2]

표 4.1 육상 경기 세계 신기록에 바람이 미친 영향

남자 경기	세계 기록	선수	일시	바람
100m	9.58초	우사인 볼트	2009.8.16	순풍 0.9m/s
110m 허들	12.80초	애리스 메릿	2012.9.7	순풍 0.3m/s

멀리뛰기	8.93m	마이크 파월	1991.8.30	순풍 0.3m/s
삼단뛰기	18.29m	조너선 에드워즈	1995.8.7	순풍 1.3m/s
여자 경기	**세계 기록**	**선수**	**일시**	**바람**
100m	10.49초	플로렌스 그리피스 조이너	1988.7.16	0.0m/s
100m 허들	12.21초	요르단카 돈코바	1988.8.20	순풍 0.7m/s
멀리뛰기	7.52m	갈리나 치스탸코바	1988.6.11	순풍 1.4m/s
삼단뛰기	15.50m	이네사 크라베츠	1995.8.10	순풍 0.9m/s

우연한 사건이 결과에 미치는 영향을 더 잘 파악할 수 있는 한 가지 방법은 행운이 성과에 영향을 미치는 정도에 대한 다양한 가정을 검토하는 수치 모의실험numerical simulation을 하는 것이다. 연구자가 복잡한 상호작용 과정에 대한 이해도를 높이기 위해 사회과학과 자연과학 분야에서 널리 쓰이는 실험 방식이다.

동전을 던져서 20번 연속으로 앞면이 나올 확률에 대한 질문으로 돌아가보자. 기초확률론을 공부한 사람이라면 어렵지 않게 그 확률을 구할 수 있을 것이다.[3] 하지만 복잡한 문제라면 명백한 해답을 찾기 어려운 경우가 많다. 이럴 때 활용할 수 있는 대안적인 방법은 가정한 조건에 대해 엄청나게 많은 횟수로 모의실험을 진행하고 그 사건이 얼마나 자주 일어나는지 관찰하는 것이다. 동전 던지기의 사례에 적용한다면, 수많은 실험 참가자에게 앞면이 20번 연속으로 나올 때까지 동전을 수없이 던지게 한 다음, 원하는 결과가 나오기까지 몇 번이나 시도했는지 따져서 확률을 추정할 수 있을 것이다.

　물론 이런 실험에 참가자를 모집해서 동전을 던지라고 요구하는 것은 불가능할 뿐 아니라 불필요한 일이다. 컴퓨터를 이용하면 실험에서 기대하는 패턴을 똑같이 실행하는 프로그램을 어렵지 않게 짤 수 있기 때문이다. 내가 경쟁자로 넘쳐나는 승자 독식 경쟁에서 행운이 승자를 결정하는 데 얼마나 중요한지 파악하기 위해 기본적으로 활용하는 방법이기도 하다.

　경쟁 상황과 관련된 수많은 모의실험에 대해서는 〈부록 1〉에 자세히 설명해두었다. 육상 경기와 마찬가지로, 오로지 수행 결과에 따라 성과가 결정되는 승자 독식 토너먼트의 형태를 취하는 모의실험들이다. 성과는 객관적으로 측정할 수 있으며, 가장 높은 전체 수행 점수를 받은 경쟁자가 승리하게 된다. 결국 성과는 다양한 수준의 재능과 노력, 그리고 행운에 달려 있다.

　그중 하나는 10만 명의 경쟁자를 대상으로 기준이 되는 사례들을 점검하는 모의실험이다. 이 실험에서 행운은 전체 성과 중에서 겨우 2퍼센트를 차지하고, 나머지 98퍼센트는 재능과 노력이 각각 같은 비중을 차지한다. 각 경쟁자의 재능과 노력, 행운의 값은 0에서 100까지로 표시한다. 실험 결과, 경쟁에서 승리한 사람이 획득한 행운 점수의 평균치는 90.23이었고, 승자들 가운데 78.1퍼센트는 재능 점수와 노력 점수의 총합이 가장 높지 않은 사람들이었다. 대부분의 사례에서 재능 점수와 노력 점수의 총합이 승자보다 높은 경쟁자들이 존재했다.

행운이 성과에 아주 작은 영향만을 미치는데도 운이 좋지 않고서는 경쟁자가 많은 상황에서 승리하기 어려운 이유는 무엇일까? 두 가지 요인과 관련 있다. 첫째, 행운은 필연적으로 임의성을 띠기 때문에 가장 능력 있는 경쟁자라고 해서 남보다 운까지 좋을 수는 없다. 둘째, 경쟁자 수가 많으면 재능 수준이 최고에 가까운 사람 또한 많기 마련이고, 그들 가운데 적어도 누군가는 운마저 굉장히 좋을 수 있다. 따라서 경쟁자 집단의 규모가 매우 크다면 가장 유능한 경쟁자만큼 능력이 뛰어나지만 운이 훨씬 더 좋은 사람도 거의 언제나 존재할 것이다. 전체 성과에서 행운이 매우 작은 부분만 좌우한다고 해도, 경쟁자가 많은 상황이라면, 가장 유능한 사람이 승리하는 경우는 드물고, 가장 운이 좋은 사람이 승리하는 게 보통이다.

아울러 〈부록 1〉에 설명한 모의실험들은 우리가 앞서 논의했던 인적 자본 접근법의 장단점을 제대로 이해하는 데 도움이 된다. 엄청난 물질적 성공을 거머쥔 사람들은 인적 자본의 관점이 제시하는 것처럼 거의 예외 없이 뛰어난 재능을 보유하고 엄청난 노력을 기울인다. 하지만 모의실험은 인적 자본의 관점이 설명하지 못하는 문제, 즉 엄청난 재능으로 최선을 다하는 사람들 상당수가 물질적 성공을 누리지 못하는 이유를 분명하게 밝혀낸다. 이들은 승자보다 운이 나쁠 뿐이다.

모의실험의 결과가 우연한 사건의 중요성에 대한 우리 생각과 맞지 않는다면, 성과란 작은 우연보다는 재능과 노력에 훨씬 더 많이 좌우된다고 우리가 믿기 때문이라고 봐야 한다. 우리의 직관은 때로 틀린 답을 내놓는다. 어떤 특정한 경우에 어떤 사건이 일어날 가능성이 거의 없다 하더라도, 사건이 일어날 충분한 기회가 있으면 결국 발생할 확률이 높아진다.

우리 삶에서 일어나는 사건 대부분은 전혀 신기하지 않은 일들이다. 하지만 거의 모든 사람의 인생에서 적어도 몇 번은 이상한 사건이 발생한다. 코넬대학의 동료 교수였던 칼 세이건은 생전에 가까운 친척이 죽는 꿈을 아주 생생하게 꾸었다. 집으로 전화를 걸어 그 친척이 건강하다는 소식을 듣고서야 안심할 수 있었다. 그는 평생에 한번쯤 사랑하는 사람이 죽는 꿈을 생생하게 꿔본 사람이 족히 수백만 명은 될 거라면서, 그 가운데 극소수는 꿈에 나온 사랑하는 사람이 그날 밤 정말로 세상을 떠나는 우연의 일치를 경험했을 것이라고 말했다.[4]

세이건은 일평생 초자연적인 사건들을 회의적인 시선으로 바라본 사람이었다. 그러나 사랑하는 어떤 사람이 이상한 꿈을 꾼 그날 밤 실제로 세상을 떠났다면, 자신도 단순한 우연의 일치라고 믿기 어려울 거라고 했다. 발생 가능성이 몹시 희박한 사건들이 누군가에게는 동시에 발생할 수도 있다는 사실을 잘 알고 있음에도 불구하고 말이다.

확률상 말도 안 되는 사건이 발생하면 누구든 놀라지 않을 수 없다. 버지니아의 아주 조그만 마을에서 자란 여동생의 같은 반 친구가 수십 년 뒤 이타카에서 우리 앞집에 살고 있다는 것을 알고 나 역시 적잖이 놀랐다. 이런 사건이 발생할 확률은 모두가 생각하는 것처럼 정말 희박하다.

하지만 희한한 사건이 어디선가, 누군가에게 일어날 확률은 전혀 희박하지 않다. 아주 많은 사람이 오랜 시간을 살아가기 때문에, 그런 사건들은 언제고 일어나게 되어 있다.

성과가 거의 전적으로 재능과 노력에 달려 있다면, 우리는 재능도 가장 뛰어나고 노력도 가장 열심히 하는 사람은 반드시 성공한다고 생각할 것이다. 그리고 경쟁이 극심한 분야에서 승리한 대부분의 사람이 엄청난 재능으로 대단한 노력을 기울이는 모습을 바라보면서 이런 믿음을 한층 더 굳힐 것이다.

그런데 행운과 관련된 문제를 매우 사소한 방식으로 개입시켜도 우리의 직관은 흔들리기 시작한다. 사회에서 가장 커다란 경제적 승리를 누가 차지할지 결정하는 경쟁은 언제나 엄청난 수의 경쟁자를 불러 모은다. 대부분은 아니라 하더라도 많은 경쟁자가 상당한 재능과 열정의 소유자다. 하지만 엄청난 행운까지 따라주지 않는다면 사실상 승자가 되기는 어렵다.

그렇다고 해서 승자 대다수가 오로지 행운 덕분에 승리했다는 뜻이 아님을 다시 한번 강조한다. 경쟁이 극심한 영역에서 엄청난 재능을 갖추고 부단히 노력하지 않는 경쟁자들이란 대부분 허수에 불과할 것이다. 따라서 승자 대부분이 보상받을 만한 자격이 없다고 말한다면, 완전히 틀린 말이다. 예컨대 브라이언 크랜스턴을 오늘날 가장 성공적이고 인상적인 배우 가운데 한 명이라고 부르는 것은 전혀 과장이 아니다. 물론 크랜스턴이 제안을 받기 전에 존 큐잭이나 매슈 브로더릭이 「브레이킹 배드」의 월터 화이트 역을 거절하지 않았다면 누구도 크랜스턴을 지금처럼 바라보지 않았을 것이다. 놀랍게도 크랜스턴은 자신이 어떤 행운을 누렸는지 온전히 인식하고 있는 사람 같다. 그는 이렇게 말했다. "행운이란 예술 분야에서 일하는 많은 사람이 때로 알아차리지 못하는 요소입니다. 재능과 불굴의 의지와 인내력을 지닌 사람이라도 행운이 따라주지 않는다면 성공적인 경력을 일구기는 무척 어려울 겁니다."[5]

5장

행운과 능력에 대한
그릇된 믿음이
사라지지 않는
이유

마이클 모부신은 2012년에 출간한 『내가 다시 서른 살이 된다면』에서 연속으로 꾼 꿈에 영감을 얻어 마지막 두 자리가 48로 적힌 복권을 산다면 스페인 국민 복권에 당첨될 거라 믿게 된 한 남자에 대해서 이야기한다. 그는 사방팔방 다 뒤져본 뒤에 그런 번호가 적힌 복권을 샀고 정말로 복권에 당첨되었다. 기자가 왜 그 특정 숫자를 찾아서 구입하려고 애썼는지 묻자 이렇게 대답했다. "저는 일주일 내내 매일 밤 숫자 7이 나오는 꿈을 꿨습니다. 뭐, 7이 일곱 번 나왔으니 7 곱하기 7은 48이죠".[1]

복권에 당첨된 이 사람은 전통적인 경제 모델에 등장하는 이성적이고 제대로 된 교육을 받은 사람의 모습과는 거리가 멀다. 우리는 합리적인 인간상을 통해서 인간의 행동과 사회 제도에 대해 더 잘 이해할 수 있었지만, 반대로 우리 주변에서 흔히 볼 수 있는 비합리적 인간상을 제대로 포착하는 데는 실패했다. 행동경제학이(경제학과 심리학, 생물학 등 여러 분야에서 통찰을 이끌어내기 위한 학제간 연구가) 지난 30여 년 동안 경제학의 범주에서 가장 활기차고 급격하게 성장한 이유가 여기에 있다.

심리학자 대니얼 카너먼과 작고한 에이머스 트버스키의 선구적 연구에 영감을 받은 행동경제학은 일반적인 경제 모형의 예상이나 규칙에 분명하게 어긋나는 사람들의 이상 행동을 종류별로 정리하고 있다.[2] 이를테면 대개 사람들은 알람 기능이 있는 20달러짜리 라디오를 10달러 싸게 사기 위해서는 기꺼이 자동차를 몰고 시내까지 나가지만, 1000달러짜리 텔레비전 세트를 10달러 싸게 사기 위해서는 굳이 그렇게까지 하지 않는다. 손수 자동차를 몰고 시내에 나감으로써 얻는 이득은 어느 쪽이든 10달러로 똑같다. 따라서 자동차를 운전하는 데 들어가는 잠재적 비용이 10달러 미만이라면, 그리고 이성적인 사람이라면, 두 경우 다 차를 몰고 시내로 나갈 것이다. 사람들은 TV를 사는 데 10달러 아끼려고 차를 몰고 나가는 것이 꺼림칙한 이유가 TV 가격을 생각할 때 10달러는 극히 작은 부분이기 때문이라고 말하곤 한다. 하지만 합리적인 사람은 이익과 비용을 상대적 관점이 아니라 절대적 관점에서 바라본다. 스탠퍼드대 심리학 교수인 트버스키는 이렇게 말했다고 한다. "내 동료 교수들은 인공지능을 연구하는 사람들입니다. 저는? 타고난 어리석음을 연구합니다."

행동경제학자들의 연구는 어림짐작이나 경험칙에 의존하는 사람들의 경향성을 주제로 삼곤 한다. 사람들이 흔히 이런 경향을 보이는 이유는 세밀하게 계산해서 정확성을 높이는 것보다 시간과 노력을 절약할 수 있다고 생각하기 때문이다. 휴리스틱스 heuristics, 정확한 이해가 어렵거나 불필요한 경우 논리적 분석 대신 어림짐작을 통해서 즉흥적으로 판단하는 방식는 잘 들어맞는 경우도 많지만, 어떤 상황에서는 판단을 내리거나 원인을 찾을 때 반복해서 오류를 범하게 만들기도 한다.

특히 흥미로운 대목은 행동 연구를 통해 잘못된 믿음을 손에서 놓지 않으려는 경향성이 드러났다는 점이다. 한 예로, 왜 우리 가운데 절반이 훨씬 넘는 사람들이 어떤 재능이든 간에 자신이 상위 50퍼센트 안에 들리라고 믿는 것일까? 왜 그토록 많은 사람이 아주 명백한 근거 앞에서도 행운의 중요성을 과소평가하는 것일까? 내가 제시하고 싶은 한 가지 그럴듯한 설명은, 자신의 재능과 행운의 중요성에 대해서 더 현실적인 믿음을 가진 사람일수록 성공으로 가는 길 위에 산재해 있는 온갖 난관을 불굴의 의지로 극복하며 전진하기 어려울 수 있다는 것이다.

경제학자 폴 새뮤얼슨은 이렇게 말한 바 있다. "사람들은 자신을 실제보다 돋보이게 만드는 무언가를 기꺼이 믿어버리는 습성이 있다. 이 습성을 절대로 과소평가해선 안 된다." 새뮤얼슨은 비록 행동경제학자는 아니지만 사람들이 객관적인 증거에 의해 검증된 수준보다 자기 자신에 대해서 대체로 높게 평가한다는 사실을 분명하게 인식했다. 실제로 90퍼센트가 넘는 사람들이 자신의 운전 실력을 평균보다 높게 평가한다는 연구 결과가 있다. 자기 과실이 큰 교통사고로 입원한 운전자들조차 그렇게 평가한 비율이 80퍼센트 이상이다.

자신이 속해 있는 인구 집단의 평균치보다 자신을 높게 평가하는 습성은 어쩌면 당연한 것일 수 있다. 다리를 하나 이상 잃은 소수의 사람이 존재하는 반면, 다리가 셋 이상인 사람은 존재하지 않으므로, 어떤 인구 집단의 평균적인 다리 개수는 2에 살짝 못 미치기 마련이다. 바꿔 말하면, 대부분의 사람은 '평균보다 많은 다리'를 가지고 있는 셈이다.

하지만 평균적인 운전 실력을 수치로 나타내는 척도는 무슨 수로 정의할 수 있을까? 상상만으로도 어려운 일이다. 따라서 조사 대상자들이 자기 자신을 가리켜 '평균 이상의 운전자'라고 말한다면, 이는 '평균적인 운전자보다 더 능숙하다'는 의미일 가능성이 크다. 물론 전체적으로도 불가능한 그림이다. 전체 분포에서 절반에 해당되는 사람들 상위 50퍼센트 안에 들어갈 수 있기 때문이다.

우리는 스스로 꽤 잘하고 있다는 부정확한 믿음을 사실로 받아들이는 경향이 있다. 덕분에 관련 사례를 얼마든지 찾을 수 있다. 어느 연구 결과에 따르면, 한 대학에 재직하는 교수들 가운데 70퍼센트가 교수로서 자신의 능력이 상위 25퍼센트 안에 든다고 믿는 것으로 나타났다.[3] 또 다른 조사에서는, 어느 경영대학원에 재학 중인 우수생들 가운데 87퍼센트가 자신의 학업 성적이 상위 50퍼센트 안에 든다고 여기는 것으로 나왔다.[4]

이런 경향을 워비곤 호수 효과Lake Wobegon Effect라 부른다. 워비곤 호수는 미국의 풍자작가 개리슨 케일러의 라디오 드라마에 나오는 '모든 아이가 평균 이상'인 가상의 마을이다. 이 효과는 운전 실력처럼 객관적으로 측정하기 어려운 특성이나 자질에서 한층 두드러진다. 한 조사에 따르면, 고등학생 가운데 오직 2퍼센트만이 자신의 리더십 능력이 평균 이하라고 응답했으며, 사실상 모든 학생이 친구들과 잘 지내는 능력에서 자신이 평균 이상이라고 평가했다.[5]

행운에 대한 잘못된 믿음 역시 흔하다. 이를테면 복권 당첨자들이 당첨 번호를 콕 집어서 찾아낸 기법이나 통찰력에 대해 이따금 장황한 설명을 늘어놓는 식이다.[6] 찰스 클롯펠터와 필립 쿡은 1991년 논문에서, 꿈에 나타난 이미지를 바탕으로 독자들에게 당첨 번호를 알아내는 방법을 가르쳐주는 인기 있는 책들을 검토했다. 여기에 등장하는 책들 가운데 저자들이 하버드 야드의 노점에서 구입한 『알리 왕자의 행운별 다섯 개』를 보면 사과가 나오는 꿈은 416번, 벌레가 나오는 꿈은 305번, 무덤이 나오는 꿈은 999번, 목사가 나오는 꿈은 001번을 선택하라는 지침이 나온다.[7]

하지만 무작위로 당첨 번호를 뱉어내는 난수 발생기에 대해 잘 아는 사람이라면 이런 식으로 당첨 번호를 예측하려고 애쓰는 게 얼마나 부질없는 짓인지 잘 안다. 모든 가능한 번호가 균

일한 확률로 선택되도록 알고리즘을 설계했기 때문이다. 그러나 사람들은 당첨 번호를 알아내는 기법이나 능력을 어떻게든 얻을 수 있으리라는 상상을 멈추지 않는다.

사람들은 실패를 설명할 때는 운이 나빴다는 사실을 기꺼이 그리고 재빨리 받아들이지만, 성공을 설명할 때는 행운의 영향을 과소평가하는 경향이 있다. 그 결과 근거와 믿음 사이에 또 다른 단절이 발생한다. 통계학자 나심 탈레브는 투자자들 사이에서도 이런 경향이 흔히 발생한다고 설명한다.[8] 이른바 동기가 부여된 인식motivated cognition의 결과로 여기는 학자들도 있다. 사람들은 자신에 대해서 좋게 느끼기를 원하고, 그래서 자신이 매우 유능하다고 여기는 동시에 실패를 자신의 통제 밖에 있다고 생각하면 긍정적인 자기 이미지가 더욱 빛날 것으로 본다는 주장이다.

심리학자 로런 앨로이와 린 이본 에이브럼슨은 1979년 '더 슬프게, 그러나 더 현명하게'라는 부제가 달린 논문에서 이 이론에 대한 근거를 제시했다.[9] 앨로이와 에이브럼슨은 우울한 사람이 세상과 자신에 대해 비현실적으로 부정적인 믿음을 품게 하는 인지적 편향으로 인해 고통받는다고 하는 기존 학설에 이의를 제기했다.[10] 그들이 제시한 대안적 가설은 '우울증적 현실주의'였다. 이 가설에 따르면, 겉으로 정상인 사람보다 우울한 사람의 자기 평가가 실제로 더 정확하다.

이 가설은 임상적으로 우울증이 있는 학생 집단과 우울증이 없는 통제집단을 비교하는 실험에서 비롯되었다. 두 집단의 실험 참가자들은 다양한 과제를 수행하고 자신이 얼마나 잘했는지 스스로 평가하라는 요구를 받았다. 우울증이 있는 학생들의 자기평가는 외부 관찰자의 평가와 유사했다. 하지만 통제집단의 학생들은 달랐다. 성공한 과제에 대해서는 자신의 기여도를 시종일관 과대평가했고, 실패한 과제에서는 자신의 기여도를 과소평가했다.[11]

이 논문은 상당한 논쟁을 불러왔고, 아직도 연구 결과에 대해서 확고한 합의가 이뤄지지 않고 있다. 하지만 잘못된 믿음을 견지하는 것이 단기적으로는 사람들을 더 행복하게 만들어준다는 식으로 연구 결과를 해석하는 이들도 이런 믿음이 장기적으로는 상당한 손실을 초래할 가능성까지 배제하지는 않을 것이다.

장기적 손실의 가능성은 우리가 행복감을 선사하는 신경체계가 아니라 생존과 번식을 위한 행동에 박차를 가하는 신경체계를 적자생존 과정에서 형성했다는 찰스 다윈의 자연선택론과 일맥상통한다. 자신이 어떤 경쟁에서도 승리할 운명이라고 믿는 사람들은 승산이 없는 여러 경쟁에 발을 들임으로써 불필요한 손실을 입을 수 있다. 아울러 자신의 실패를 운이 나쁜 탓으로 돌리는 경향이 강한 사람들은 다양한 피드백을 받아들여 성과를 개선해나갈 수 없을 것이다. 두 경향 모두 번식 성공률을 높이는 데 도움이 되지 못할 것이다.

잘못된 믿음이 사람들을 더 행복하게 만들 수는 있을 것이다. 하지만 이 행복한 사람들이 현실을 조금 더 객관적으로 파악할 수 있다면, 물질적인 측면에서 좀더 큰 성공을 거둘 수 있을 것이다. 이와 관련하여 내가 다음 장에서 검토할 한 가지 가능성은, 능력과 행운에 대한 더 정확한 믿음이 장기적으로 모든 사람의 물질적 성공 가능성을 높여주는 공공 정책에 대한 지원을 증가시킬 수 있다는 것이다.

이러한 가능성에도 불구하고, 잘못된 믿음을 견지하는 자세가 필요할 때도 있는 것 같다. 경제학자 마이클 마노브는 그럴듯한 예를 든다. 그는 경제학부 부학장을 맡아달라는 요청을 받고 경제학자로서 주특기를 발휘했다. 해당 직위와 관련된 비용과 편익을 비교 분석한 것이다. 편익 측면에서 가장 눈에 띄는 항목은 매년 수천 달러에 이르는 직무 수당을 추가로 받을 수 있다는 점이었다. 마노브는 부학장 자리를 수락하기로 결심했다. 그 자리가 불가피하게 수반하는 번거로운 잡무를 피하기 위해 기꺼이 기울여야 하는 노력 정도가 직무 수당보다 적다고 가늠했기 때문이다.

하지만 그 직함을 짊어지고 얼마 지나지 않아서 마노브는 경제학자들이 '승자의 저주'라고 부르는 현상의 희생양이 되었다는 사실을 깨달았다. 무릇 경매가 벌어지면 매물의 가치에 대해 입찰자마다 각기 다른 평가를 내리기 마련이다. 어떤 사람은 매물의 실제 가치보다 높게 평가할 것이고, 또 어떤 사람은 낮은 평가를 내릴 것이다. 하지만 모든 평가가 편파적이지 않아서 평균 평가액이 매물의 실제 가치와 비슷하다 하더라도, 최고 입찰자는 실제 가치보다 가장 높게 평가한 사람이 될 것이다. 마노브는 학부의 부학장 자리를 수락한 자신의 결정에 대해서 해당 직책의 번거로운 사정을 동료들보다 훨씬 과소평가한 결과라고 보았다.[12]

하지만 그는 부학장이라는 직책 탓에 동료들보다 덜 행복해졌지만 더 부유해졌다는 점을 지적했다. 그리고 생존을 위한 다윈주의적 투쟁에서는 얼마나 행복한가보다 무엇을 가졌느냐가 더 중요하다고도 했다. 마노브 자신이 생각하는 그 경험의 교훈은, 순진한 낙관주의가 필요한 때도 있다는 것이다.

만약 사람들이 사업을 시작할 때 직면하게 되는 엄청난 어려움에 대해 현실적인 평가를 내렸다면, 계속해서 전진하겠다는 용기를 갖기 어려웠을 것이다. 하지만 모험에 뛰어든 사람들은 성공을 향해 최선의 노력을 쏟아붓는 것이 보통이다. 이런 일을 해내는 대부분의 사람에게는 순진한 낙관주의를 가지고 있다는 것 자체가 행운일지 모른다.

행운에 대한 그릇된 믿음은 어떨까? 내가 주장하는 대로 우연한 사건이 점점 더 중요해지고 있다면 왜 그리 많은 사람이 아직도 행운은 중요하지 않다고 주장하는 것일까? 성공한 사람들은 다른 요인을 배제하고 재능과 노력만을 강조함으로써 자신이 벌어들인 돈에 대해 정당성을 강화할 수 있다. 그 가능성에 대해서는 다음 장에서 자세히 살펴보자. 여기서는 사람들이 성공을 위해 일반적으로 필요한 엄청난 노력을 실제로 기울이도록 도우려면 행운의 중요성을 부정하는 편이 낫다는, 조금 더 너그러운 관점으로 바라볼 생각이다.

성공으로 향하는 길 위에 놓인 가장 큰 장애물 가운데 하나는 인간 심리의 단순한 특성, 즉 발생 가능성이 불확실하거나 나중에 발생하는 보상은 경시하는 경향이다. 사람들은 자기 통제와 관련된 여러 문제 탓에 조금만 기다리면 훨씬 더 유익한 대안을 얻을 수 있는데도 즉각적인 보상 쪽을 선택한다고 많은 학자가 지적한다.[13]

학자들은 현대사회를 괴롭히는 질병의 기나긴 목록을 설명할 때도 이러한 경향성을 들먹이곤 한다. 2011년 심리학자 로이 보마이스터와 과학 저술가 존 티어니는 『의지력의 재발견』[14]에서 방대하고 설득력 있는 근거를 바탕으로 "중독, 과식, 범죄, 가정폭력, 성병, 편견, 채무, 원치 않는 임신, 교육 실패, 학교와 직장에서의 낮은 성과 그리고 운동 부족" 등 다양한 문제의 기저에 자기 통제에 필요한 의지력 결핍이 존재한다고 주장했다.[15]

당장의 비용과 편익에 몰두하는 경향은 즉각적인 위협에 수시로 직면하는 환경에서 생존하는 데 도움이 될 수도 있다. 안 올지도 모르는 미래에 대비해 계획을 세우느라 시간과 노력을 투입하느니 눈앞에 놓인 난관에 최대한 집중하는 편이 훨씬 나을지도 모른다. 하지만 오늘날 대부분의 부유한 국가들처럼 안정된 환경에서 당장의 비용과 편익만 생각하는 것은 실패의 지름길이다.

좋은 직장에 들어가기 위해 명문 대학에 진학하려는 학생들이 있다고 가정해보자. 최고의 학교에 입학하기 위한 경쟁은 살벌한 전쟁터를 방불케 하므로, 탁월한 내신성적과 대학 입학시험 점수가 없는 학생이라면 명함도 못 내민다. 가장 똑똑한 학생도 상당한 노력 없이는 다른 우등생 친구들보다 더 좋은 성적을 거둘 수 없을 것이다. 우수한 학생들이 입학시험에서 좋은 점수를 받으려고 비싼 돈을 들여 사교육을 받아가며 오랜 시간 공부에 매달리는 이유다.

이런 노력은 지금 당장 시작해야 한다. 아니, 몇 년 전부터 시작했어야 더 좋다. 그러나 노력에 상응하는 보상은 수년 동안 지연된 뒤에 찾아오거나, 잘못하면 영원히 오지 않을 수도 있다. 이 같은 노력과 보상의 불일치는 미래의 잠재적 보상이 엄청날 때조차 현재의 노력을 강하게 방해한다. 행동의 비용이 생생하고 즉각적이어서 머릿속에 재빨리 떠오르기 때문이다. 그러나 행동의 편익이 미뤄진다면 상상 속에서 애써 그려봐야만 한다. 이쯤 되면 많은 학생이 명문대 입학에 요구되는 고통스러운 시간을 감내하지 못하는 이유를 쉽게 이해할 수 있을 것이다.

유혹은 미래의 보상이 불확실해 보일 때 더 진하게 다가온다. 성공과 행운 사이의 강력한 연결 고리에 대해서 솔직하게 인정할 경우, 불확실성은 한층 강하게 느껴질 것이고, 그 결과 성공에 결정적으로 필요한 노력을 기울이는 데 방해가 될 수 있다.

따라서 행운의 중요성에 대한 부정에는 본질적으로 모순적인 측면이 존재한다고 말할 수 있다. 자식들에게 행운이 중요하지 않다고 가르치는 부모는, 바로 그 이유에서, 진실을 말해주는 부모보다 아이들을 더 성공적으로 키울 가능성이 높다. 성공으로

가는 거의 모든 길에서 불가피하게 역경을 겪을 때, 행운의 중요성을 아주 민감하게 여기는 사람은 그냥 뒷짐 지고 상황이 어떻게 전개되는지 바라보고 싶은 유혹을 더 느낄 수 있다.

높은 전문성이 성공의 전제 조건인 치열한 경쟁 상황에서 이런 태도는 형편없는 전략이다. 전문가가 되기 위해서는 오랜 시간 고된 훈련을 거쳐야 한다. 거의 모든 분야에서 그렇다.[16] 고된 훈련이란 여러분이 아직 터득하지 못한 능력을 자기 것으로 만들기 위해 시행착오를 수없이 반복한다는 의미다. 일반적으로 부단한 노력을 요하는, 대단히 어려운 과정이다. 행운의 중요성에 초점을 맞추는 사람이라면 고된 노력을 기울이지 않으려고 핑계를 지어내거나 운명이 자신에게 유리하게 작용하기를 앉아서 기다릴 가능성이 높다. 요컨대 재능과 노력이 전부라고 믿으면 어려운 과업을 이루는 데 도움이 된다는 차원에서, 행운의 중요성을 부인하는 주장이 받아들여질 수도 있다.

우리가 심리학의 귀인 이론歸因理論, 인간 행동의 원인을 추론하는 이론을 통해 알게 된 것도 성공에 있어서 행운의 역할을 부정하면 추가적인 노력을 기울이도록 박차를 가할 수 있다는 가능성에 힘을 실어준다.[17] 성공이 주로 자신의 능력과 재능에서 온다고 생각하는 학생은 어려운 학교 공부를 끈기 있게 지속할 가능성이 더 크다.[18] 높은 능력이란 개인의 항구적인 특성이라는 점에서, 이런 믿음은 이후로도 지속적인 노력을 부추길 것이다. 노력이 성공의 원인이라고 기꺼이 받아들이는 것도 같은 이유로 타당하다. 노력이란 개인이 스스로 통제할 수 있는 요소이자, 미래의 성공을 도모하기 위해 언제든 차출할 수 있는 요소이기 때문이다.

실패에서 운이 담당하는 역할에 대한 시각이 중요한 이유도 같은 맥락에서 이해할 수 있다. 과거의 실패가 단지 운이 나빠서였다고 본다면, 미래의 노력이 무의미하다고 여길 만한 근거는 없을 테니, 새로운 기회가 찾아왔을 때 고된 노력을 외면할 이유 또한 없을 것이다.[19]

자유의지에 대해서 이야기할 때도 비슷한 논점들이 생겨난다. 인간의 모든 행동은 과거의 사건에 의해 결정되므로 자유의지란 본질적으로 착각이라고 믿는 사람들이 있다. 반면 우리가 모종의 갈림길에 섰을 때, 설령 외적인 요소들, 이를테면 유전자나 경험, 식생활 같은 요소들이 특정한 선택의 가능성을 높인다고 해도, 우리에게는 언제나 자유로이 선택할 힘이 있다고 주장하는 사람들도 있다.

인간의 뇌가 실제로 어떻게 작동하는지 아직은 완전히 이해할 수 없는 만큼, 이 논쟁은 조만간에 끝나지 않을 것이다. 게다가 현재로서는 별로 중요하지 않은 문제일 수도 있다. 예컨대 살인범의 범행이 전적으로 과거의 사건 탓임을 누군가 입증하더라도, 우리는 살인범을 처벌하는 편이 현명하다는 결론을 내릴 것이다. 범죄를 저지르면 책임을 진다고 사람들이 확실히 알아야 살인을 저지를 가능성이 낮아질 테니 말이다. 동시에 우리는 판사가 판결을 내릴 때 상당한 재량권을 누리도록 기꺼이 허용한다. 판사가 전적으로 피고인 책임이 아니라고 생각할 때만 재량권을 발동한다고 믿기 때문이다.

기본적인 관련 논점들의 유사성을 감안하면, 형법에 대한 견해차가 행운에 대한 견해차와 비슷한 양상을 보이는 것도 놀랄 일은 아닐 것이다. 행운의 중요성을 기꺼이 더 받아들이는 사람들은 어른이 되어서 저지른 비행과 관련하여 어린 시절의 불행을 경감 사유로 받아들일 가능성이 높다.[20]

논의를 이어가는 차원에서, 신경과학자들이 자유의지가 존재하지 않음을 입증하는 데 성공하고 미래의 모든 선택은 현재의 정보를 토대로 정확히 예측하게 되었다고 가정해보자. 사람들이 어려운 결정을 내려야 할 때 이런 지식은 도움이 될까? 어떨지 알기는 어렵다. 어쨌든 즉각적이지만 낮은 수준의 보상에 끌리는 사람들이 만약 자신의 선택이 예정되어 있다고 믿는다면 그 유혹에 굴복할 확률은 더 높다는 모의실험 결과가 있다.[21] 그렇다면, 행운에 대한 믿음이 으레 그렇듯, 자유의지에 대한 믿음도 (설령 객관적으로는 거짓이라도) 필요한 때가 있을 것이다.

인간의 인식에 대해 이해하면 성공에 있어서 행운의 역할에 대해 과소평가하는 경향의 추가적인 이유를 알 수 있다. 사람들이 결정을 내릴 때 종종 활용하는 경험칙 가운데 하나는 이른바 가용성 추단법availability heuristic이다. 누군가가 "첫 글자가 R인 단어와 세 번째 글자가 R인 단어 가운데 어느 것이 발생 빈도가 더 높은가?"라고 물었다고 가정해보자. 대부분의 사람은 가용성 추단법을 활용해서 각각의 범주에 해당되는 사례를 생각해내려고 애쓸 것이다. 이 접근법은 대체로 잘 맞는다. 대개 발생 빈도가 높은 사례일수록 기억에서 불러내기가 더 쉽기 때문이다. 그리고 대부분의 사람이 R로 시작하는 단어를 머릿속으로 떠올리기가 더 쉽기 때문에 가용성 추단법은 그런 단어가 더 많다고 대답하도록 이끈다. 하지만 영어에서 R이 세 번째 자리에 오는 단어가 실제로는 훨씬 더 많다.

여기서 가용성 추단법이 실패하는 이유는 기억해내기 쉬운 정도를 결정하는 요소가 빈도만은 아니기 때문이다. 우리는 다양한 방법으로 기억 속에 단어를 저장한다. 단어의 의미, 단어가 내는 소리, 단어가 연상시키는 이미지, 단어의 첫 글자 등등 여러 특징으로 기억한다. 반면 단어의 세 번째 글자를 고리 삼아 기억 속에 저장하는 사람은 거의 없다.

가용성 추단법은 우리가 세상이 어떻게 움직이는지 이야기를 구성할 때 기억에서 꺼내기 더 쉬운 정보에 훨씬 더 강하게 의존한다고 상정한다. 하지만 이 말은 몇몇 유형의 정보가 나머지 정보에 비해 훨씬 더 기억하기 쉬우므로 우리 생각에 왜곡이 발생할 가능성이 매우 크다는 뜻이기도 하다. 한 예로, 우리가 반복적으로 경험해온 무언가에 대한 정보는 우리가 가끔 듣거나 읽었던 정보에 비해 더욱 두드러지게 다가온다. 바꿔 말하면, 후자의 범주에 들어가는 정보는 기억해내기가 훨씬 더 힘들다.

따라서 똑똑하고 열심히 일하는 사람들이 갑자기 큰 부자가 되었을 때, 그들이 자신의 성공을 오직 재능과 노력 때문이라고 여기는 것은 대단히 자연스러운 일이며 그리 놀랄 일도 아니다. 무엇보다 그들 대부분은 자신이 얼마나 열심히 노력했고 얼마나 재능이 뛰어난지 또렷하게 인지하고 있다. 오랜 세월 하루도 거르지 않고 열심히 노력해서 어려운 문제들을 해결해온 사람들이다!

아마도 그들은 자신이 다른 환경에 처했다면 지금과 같은 성과를 내지 못했을 수 있다고 추상적으로나마 생각할지 모른다. 하지만 순간순간 최선을 다해서 노력했던 일상의 경험들로 인해 전쟁으로 쑥대밭이 된 짐바브웨 같은 나라에서 태어나지 않은 게 얼마나 커다란 행운인지 생각해볼 기회는 별로 없었을 것이다.

가용성 추단법은 각자의 개인적 경험을 또 다른 방식으로 왜곡시킨다. 우리에게 긍정적인 영향을 미쳤던 사건보다 불리하게 작용했던 사건이 체계적으로 기억해내기 쉬운 까닭이다. 코넬대학 동료 교수인 톰 길로비치는 순풍과 역풍의 비유를 들어 이런 상황을 설명한다.

만약 여러분이 역풍을 맞으며 달리거나 자전거를 탄다면, 그 바람의 존재를 잘 인지할 것이다. 그러면 바람의 방향이 저절로 바뀌어 여러분의 뒤를 밀어줄 순풍이 될 때까지 마냥 기다리지는 않을 것이다. 순풍을 처음 느낄 때는 기분이 퍽 좋을 것이다. 하지만 그 사실은 금세 잊어버린다. 등 뒤에서 밀어주는 순풍을 느끼지 못하게 된다는 뜻이다. 이는 우리 정신의 작동 방식에 내재하는

떠올리기 쉬운 역풍의 이미지

근본적인 특성이다. 우리는 도와주는 것보다 방해하는 것을 점점 더 크게 인지할 것이다.[22]

심지어 순풍의 도움을 받아 질주하는 경륜 선수조차 자신이 맞바람을 가르며 달린다고 생각하는 경우가 있다. 가령 시속 13킬로미터의 순풍을 등에 업고 시속 19.5킬로미터로 달리는 경륜 선수는 시속 6.5킬로미터의 역풍이 분다고 느낄 것이다.

글로비치는 구글에서 '역풍'을 검색하면, 그 개념을 위의 그림처럼 생생하게 포착한 이미지들이 쏟아져 나온다고 말한다.

하지만 '순풍'에 대한 검색 결과는 매우 다르다. 글로비치의 설명은 이렇다.

순풍에 대해서는 그 개념을 개략적으로 묘사할 수밖에 없다. 단순히 사진 한 장으로 표현하기는 무척 어렵다. 우리의 심리 상태는 사진으로 그대로 드러난다. 바꿔 말하면, 우리는 목표를 추구하고 문제를 해결하는 존재이기 때문에 극복 대상인 장애물을 먼저 바라보는 습성을 타고났다는 뜻이다. (…) 우리는 (우리에게 없는) 다른 사람의 장점과 (다른 사람에게 발생하지 않는) 우리가 직면하는 어려움을 쉽사리 찾아낸다. 반면 우리 자신의 장점과 다른 사람들의 시련에 대해서는 아무 생각 없이 눈을 감아버린다. 우리는 기계적으로 성급하게 내린 결론을 근거로 '희생당한 나'/'그럴 만한 나'라는 이야기를 짜 맞추는 경향이 있다.[23]

글로비치와 샤이 다비다이는 워디컬Wordical이라는 게임을 통해서 순풍/역풍의 비대칭적 속성을 한층 극명하게 설명한다. 워디컬은 참가자들이 임의로 뽑은 알파벳 카드를 이용해서 단어를 만드는, 스크래블과 비슷한 게임이다. 두 사람이 서로 경쟁하는 게임들이 으레 그렇듯, 장기적으로는 둘 중 게임에 더 능숙한 사람이 더 많이 승리할 것이다. 하지만 가끔은 덜 능숙한 사람이 운 좋게 더 좋은 글자들을 뽑아서 승리할 수도 있다. 먼저 실험자들은 참가자들에게 (점수가 낮아도 단어를 만들기 쉬운 글자, 그리고 단어를 만들기 어려워도 점수가 높은 글자라는 측면에서) 최선의 글자와 최악의 글자를 다섯 개씩 고르게 했다. 그러고는 자신과 상대방이 최선의 글자와 최악의 글자를 뽑는 상대적 빈도를 각

각 추측해보라고 했다. 최선과 최악의 글자를 다섯 개씩 선택하게 했기 때문에 평균적으로 50 대 50의 결과가 나오리라는 예상이 가능하다. 참가자들은 우리 예상대로 자신이 최선의 글자와 최악의 글자를 비슷한 빈도로 뽑았다고 평가했다. 그런데 상대방이 뽑은 글자들의 경우 56퍼센트가 최고의 글자에 해당된다고 믿었다. 사실상 상대방이 최고의 글자를 10퍼센트 이상 더 많이 차지한다고 과대평가한 것이다.[24]

게임 참가자 중 정확히 절반이 승리하고 절반이 패배한다. 그러나 참가자들은 평균적으로 상대방이 더 유리한 글자를 뽑았다고 믿는다. 따라서 게임에서 승리한 사람은, 적어도 속으로는, 상대방이 운이 더 좋았음에도 불구하고 자신이 뛰어난 능력을 발휘해서 이겼다는 식으로 생각할 것이다.

우리가 성공에 있어서 자신의 기여도를 과대평가하는 경향이 있다고 해서, 자신이 이룬 성취를 자랑스럽게 여기지 말라는 뜻은 아니다. 설령 커다란 행운처럼 외적인 요소가 성공의 결정적인 밑거름이었다고 해도 마찬가지다. 자신이 거둔 성공에 대해 느끼는 자부심이야말로 또 다른 성공을 위해 가일층 노력하게 만드는 가장 강력한 동기가 되기 때문이다.

개인이 지닌 재능 중에는 치열한 노력의 결과로 생긴 것도 있지만 타고난 재능도 있다. 이렇게 아무런 노력 없이 획득한 재능에 대해서도 사람들은 누릴 자격이 충분하다고 생각하는 경향이 있다. 몇 달 전이었다. 1980년대에 대학원 제자였던 사람한테서 연락이 왔다. 보건 정책에 대한 논문을 썼는데 한번 봐달라는 부탁이었다. 대학원 재학 시절 경제학부 소프트볼 팀에서 나와 함께 운동했던 제자는 그때 기억이 났는지 이메일에 이런 문장을 담았다. "선생님은 정말이지 교수로서도 훌륭한 분이었지만, 제가 소프트볼 경기장에서 마주친 선수들 중에서 공을 제일 잘 던지는 분이었습니다. 지금도 어제 일처럼 생생하게 기억이 나는군요!" 나를 괜찮은 교수로 기억한다는 말에 기분이 좋았던 것은 나름 타당한 이유가 있다. 강의 준비에 상당한 시간과 에너지를 쏟아부었기 때문이다. 그런데 공 던지는 실력에 대해서도 같은 설명을 적용하기는 곤란하다.

나는 공을 잘 던지기 위해 그 어떤 노력도 해본 적이 없는 사람이다. 동료들보다 공을 더 멀리 던질 수 있었던 것은 그런 DNA를 우연히 얻어서 태어났기 때문이다. 이렇게 생각하면서도 그 문장을 읽으면서 우쭐해지는 어리석은 내 마음을 억누르지는 못했다. 인간이 정신을 구성하는 방식이 바로 이렇다. 어쩌면 다행인지도 모른다. 자신이 남보다 잘하는 무언가에 기쁨을 느끼는 사람들은, 잘하기 위해 노력했건 재능을 타고났건 간에, 성공적으로 경쟁할 수 있는 무대를 찾을 확률이 더 높기 때문이다.

진보주의자가 보수주의자보다 인생에서 행운의 중요성을 기꺼이 받아들일 확률이 더 높다는 사회 통념은 심리학자들이 진행한 여러 연구를 통해서 확인할 수 있다.[25] 하지만 이런 패턴에는 수많은 예외가 있고, 그래서 정반대 견해도 있다. 상충하는 두 견해의 차이점들을 살피면, 사회적 통념 수준을 넘어서는 미묘한 구석을 발견할 수 있다. 『뉴욕타임스』의 중도우파 칼럼니스트 데이비드 브룩스는 2012년 대선 기간에 게재한 한 편의 칼럼으로 그 타협점을 훌륭하게 포착했다. 그 칼럼은 오하이오주에 거주하는 어느 사업가의 편지를 인용하는 것으로 시작한다.

여론면 편집자님께

지난 몇 년 동안 저는 성공적으로 사업을 일구어왔습니다. 정말 열심히 일했고, 제가 이룬 모든 것에 자부심을 느낍니다. 그런데 오바마 대통령이 말하기를, 사회적·정치적인 힘들이 제 사업의 성공을 도왔다는 겁니다. 밋 롬니는 이스라엘 방문에서 문화적인 힘이 국가별 부의 격차를 설명해준다고 하더군요. 혼란스럽습니다. 제가 이룬 성공 가운데 제 힘으로 이룬 것은 얼마만큼이고, 남의 힘으로 이룬 것은 또 얼마만큼일까요?

오하이오주 콜럼버스에서
어느 혼란스러운 독자 올림

브룩스는 외적인 힘의 영향에 대해 생각할 수 있는 최선의 방법은 여러분의 인생이 어느 단계에 와 있는지, 그리고 여러분이 앞을 보고 있는지 아니면 뒤를 돌아보고 있는지에 따라서 다르다고 답했다. 그가 콜럼버스의 어느 혼란스러운 독자에게 보낸 구체적인 조언은 다음과 같다.

선생님은 앞으로 이루어나갈 모든 성취의 유일한 주인공이자 과거에 이룬 모든 성공에 감사해야 하는 수혜자라고 스스로를 그렇게 여겨야 합니다……. 인생을 살아가다보면 얼마나 많은 성취를 오롯이 선생님의 힘만으로 이루어냈는지 생각해보는 단계를 거치기 마련입니다. 선생님은 자신이 하는 모든 일을 완벽하게 통제할 수 있다는 착각 속에서 인생을 시작해야 합니다. 그리고 자신이 받을 만한 것보다 대체로 더 좋은 것을 받았다는 인정과 함께 삶을 매듭지어야 합니다……. 야심 찬 기업가로서 자신이 이룬 모든 것에 대해 그럴 자격이 충분하다고 믿는 것이 중요합니다. 아울러 한 인간으로서 그것이 말도 안 된다고 깨닫는 것 또한 중요합니다.

정답일세, 브룩스 선생!

F. 스콧 피츠제럴드가 말했듯, "최고의 지성이란 두 가지 상반된 생각을 동시에 품으면서도 여전히 제대로 작동하는 지성이다". 이 기준에 따르면, 행운이라는 문제를 명료하게 고찰하는 것은 매우 높은 수준의 지성을 요구한다. 이 주제에 관해서 정치적 스펙트럼에 따라 서로 다른 관점을 지닌 사람들이 완전히 모순되는 두 견해를 각각 지지하고 있으며, 우리는 상충하는 두 견해를 받아들여야 하기 때문이다. 하지만 이 상반된 두 견해 모두 진실을 구성하는 본질적인 요소라는 점에서 도전을 두려워할 필요는 없을 것이다.

6장

그릇된
믿음이라는
무거운 짐

만약 여러분이 물질적으로 풍족한 사회가 좋은 것이라는 내 생각에 동의한다면, 개인의 행운에 있어서 다른 모든 것을 초월하는 가장 중요한 행운은 바로 고도로 발전한 선진국에서 태어나는 것이다. 여러분이 아무리 재능 있고 야심으로 가득 차 있다 하더라도 세계에서 가장 가난한 나라에서 태어난다면 물질적 성공이란 그림의 떡일 확률이 높다.

오래전 내가 평화봉사단의 일원으로 네팔에 머무는 동안 요리사로 일한 부탄 산기슭 부족 출신의 젊은이 비르카만 라이에 대해 생각해보라. 그는 글을 읽을 줄도 쓸 줄도 몰랐기 때문에 내가 미국으로 돌아온 뒤로는 그와 연락할 수가 없었다. 하지만 나는 그가 나중에 어떤 사람이 되었을지 가끔씩 궁금하다. 내가 아는 그 누구보다 유능하고 재치 있으며 수단이 뛰어난 사람이 었지만, 연간 1500달러도 안 되는 네팔 사람들의 보잘것없는 평균 임금 이상으로 돈을 벌지는 못했을 것이다.

만약 그가 미국에서 태어났더라면, 거의 확실하게 큰 성공을 거두었을 것이고 아마 대단히 부유한 사람이 되었으리라. 지금도 살아 있다면, 이제 칠십 줄에 접어들었을 텐데, 이는 네팔 남성의 평균 수명을 한참 뛰어넘는 나이다. 하지만 여기 미국에서 태어났더라면 훨씬 더 풍요로운 환경에서 더 건강한 몸으로 더 오래 살 수 있었을 것이다.

물론 개인은 자신이 태어난 환경을 선택할 수 없지만 개인이 속한 사회 전체적으로는 여러 중대한 방법을 활용해서 좋은 환경을 만들 수 있다. 그러려면 집중적인 투자가 요구된다. 그러므로 선진국에서 태어난 사람들은 행운아다. 이전 세대가 수백 년 동안 집중적으로 투자한 혜택을 누리고 있기 때문이다.

하지만 최근 수십 년 동안 이와 같은 집중적 투자는 경시됐다. 2013년 미국 토목엔지니어 협회 보고서에 따르면, 미국은 현재 기간시설에 반드시 필요한 유지 보수 비용으로 3조6000억 달러를 쏟아부어야 한다.[1] 그러나 미국 어디를 가봐도 구멍이 푹푹 팬 도로와 안전하지 못한 다리가 널려 있고 상하수도 시스템은 허점투성이다. 언제 무너지더라도 이상할 것 하나 없는 댐 아래에 수백만 명이 살고 있으며, 무수한 학교 건물이 파손된 채 방치되어 있다.

그런데도 우리는 지금 기간시설을 확충하고 개선하는 데 거의 아무것도 하지 않고 있다. 반면 1인당 소득이 미국의 10분의 1 정도밖에 안 되는 모로코는 카사블랑카와 탕혜르 사이에 350킬로미터에 이르는 고속철도 완공을 눈앞에 두고 있다. 그 철로를 달리게 될 열차 대부분은 시속 320킬로미터를 자랑하는 고속열차다. 철도가 세계에서 가장 밀집한 미국에서는 고속철도 건설사업 계획이 의회에서 걸핏하면 퇴짜를 맞는다. 동북부 회랑보스턴에서 워싱턴 DC에 이르는 인구 밀집 지역에서 가장 **빠른** 열차는 기껏해야 시속 130킬로미터로 달릴 뿐이다.

휠씬 더 걱정스러운 대목은 최근 수십 년간 공교육에 대한 지원이 급격하게 감소하고 있다는 점이다. 미국 교육 통계 센터의 델타 코스트 프로젝트 데이터베이스[2]에 나타난 세입 및 세출 기록을 꼼꼼하게 살펴본 어느 연구에 따르면, 지난 10년간 4년제 국공립 대학의 연평균 등록금 증가분 3000달러 가운데 80퍼센트는 감소한 재정 지출이 원인이었다.[3] 2014년 현재 4년제 대학 졸업자의 70퍼센트 이상이 학자금 대출로 평균 3만3000달러의 빚을 지고 있다.[4]

더 심각한 현상은 저소득층 가정 아이들을 위한 투자가 지속적인 감소 추세라는 것이다. 고소득층 부모는 공립학교에서 일어나고 있는 예산 삭감과 교육 프로그램 축소를 보완할 수 있는 다양한 수단을 보유하고 있다. 아이들을 사립학교에 보내거나 음악 레슨, 스포츠 수업, 그리고 SAT 준비 과정에 돈을 쓸 수 있다. 아니면 공립학교의 유료 프로그램에 등록할 수도 있다. 이런 선택권은 저소득 가정의 부모에게는 닿을 수 없는 꿈같은 것이다.

우리가 공공 투자를 예전 수준으로 유지하지 못하는 원인은 다양하지만, 특히 눈에 띄는 한 가지가 있다. 정부 서비스에 대한 국민의 수요가 정부의 세입을 앞지르고 있다는 점이다. 여기에도 수많은 원인이 있는데, 그중에는 인구 고령화와 관련하여 급격하게 증가하는 의료비와 연금이 한몫한다.

표 6.1 개인 소득에 대한 최고한계세율

	1979	1990	2002
아르헨티나	45	30	35
오스트레일리아	62	48	47
오스트리아	62	50	50
벨기에	76	55	52
브라질	55	25	28
캐나다(온타리오)	58	47	46
덴마크	73	68	59
이집트	80	65	40
프랑스	60	52	50
독일	56	53	49
그리스	60	50	40
홍콩	25*	25	16

인도	· 60	50	30
아일랜드	65	56	42
이스라엘	66	48	50
이탈리아	72	50	52
일본	75	50	50
한국	89	50	36
멕시코	55	35	40
네덜란드	72	60	52
뉴질랜드	60	33	39
노르웨이	75	54	48
포르투갈	84	40	40
푸에르토리코	79	43	33
싱가포르	55	33	26
스페인	66	56	48
스웨덴	87	65	56
터키	75	50	45
영국	83	40	40
미국	70	33	39

출처: 프라이스워터하우스쿠퍼스, 다국적 회계 컨설팅 기업

* 홍콩의 최고세('표준금리')는 개인 소득세 공제가 없는 대신에 높은 소득 수준에 대한 한계 세율 한도가 정해져 있기 때문에 보통 15퍼센트다.

하지만 〈표 6.1〉의 수치를 보면 알 수 있듯이, 장기간에 걸쳐

하락해온 최고한계세율이 또 다른 원인으로 작용하고 있다. 세계적으로 많은 나라에서 비슷한 흐름을 보이고 있다. 많은 나라에서 감세 정책을 택했다. 전반적인 세수 하락을 충분히 막을 정도로 경제 성장을 자극할 것이라는 희망에서였다. 그러나 뜻대로 되지 않았다. 의회 예산국은 조지 W. 부시 정권이 감세 정책을 펼친 결과 연방정부의 세수가 2001~2011년 2조9000억 달러 감소했다고 추정했다. 로널드 레이건과 조지 H. W. 부시 정권에서 경제수석을 지낸 브루스 바틀릿은 널리 인용된 『뉴욕타임스』 칼럼에서 부시의 감세 정책으로 인한 세입상의 실제 적자는 훨씬 더 컸다고 주장했다.[5] 만약 바틀릿이 옳다면, 그 적자로 인해서 우리가 현재 추진해야 하는 기간시설 투자가 백지화되었을 가능성도 충분하다.

좋은 환경에서 태어나는 것이 누군가에게 일어날 수 있는 가장 커다란 행운 가운데 하나라면, 행운의 중요성을 제대로 인정하지 않는 태도야말로 우리 모두의 행운을 갉아먹는 것이다. 성공한 사람들이 좋은 환경을 유지할 세금을 더 꺼리는 이유도 행운의 중요성을 제대로 인정하지 않기 때문이다. 앞으로 살펴보겠지만, 행운의 역할을 제대로 이해하면 다음 세대에도 행운을 지속시켜줄 환경을 만들고 유지하기 쉬울 뿐만 아니라 사회에서 가장 큰 성공을 거둔 사람들의 물질적 생활수준 역시 향상시켜줄 것이다.

하지만 먼저 '향상된 물질적 생활수준'의 의미를 생각해보자.

많은 사람은 이 표현을 '더 많은 것을 가진다'고 이해한다. 하지만 이 말의 진짜 의미는 훨씬 더 일반적인 것으로, 우리가 관심을 갖는 모든 목표를 한층 온전하게 달성할 수 있는 상태를 말한다. 여기에는 더 많은 것을 가진다는 뜻도 포함될 수 있겠지만 더 깨끗한 공기나 더 안전한 거리, 가족 또는 친구들과 함께할 수 있는 더 많은 시간 등등 수많은 무형의 가치도 포함된다.

사람들이 기본적인 목표를 달성하기 위해서는 공공 소비와 민간 소비가 어우러져야 한다는 사실에는 이견의 여지가 없다. 1장에서 언급했듯이, 도로가 없으면 자동차도 쓸모없으며 자동차가 없으면 도로 역시 쓸모가 없다. 하지만 공공 소비와 민간 소비의 가장 바람직한 조합에 대해서는 이견이 많다. 미국인들이 이제껏 생산된 최고의 자동차로 움푹 파인 구멍이 넘쳐나는 도로를 달리는 모습은 자동차와 도로의 균형이 이상적인 수준과는 거리가 멀다는 뜻이다. 자동차에 대한 추가 지출은 일정 수준을 넘어서면 성능에 있어서 약간의 개선만 가져올 뿐이다. 따라서 우리는 성능을 크게 포기하지 않으면서도 자동차에 대한 지출을 줄일 수 있고, 그렇게 남은 돈으로 더 좋은 도로를 즐길 수 있다. 그 결과 사람들의 전체적인 운전 경험을 상당히 개선할 수 있다. 여러분이 얼마나 부자이든 간에, 33만3000달러짜리 페라리 F12 베를리네타를 타고 여기저기 움푹 팬 도로를 달리느니 15만 달러짜리 포르셰 911 터보를 다고 매끈한 고속도로를 달리는 편이 좋을 것이다. 그런데도 대다수의 부유한 운전자가 세금을 적게 내려는 이유는 무엇일까? 세금을 덜 내면 도로 같은 기간시설의 상당한 질적 저하가 불가피하다는 사실을 알면서도.

내 생각에 이 괴상한 사고방식은 두 가지 인지적 오류의 조합으로 설명할 수 있다. 하나는 보기에는 그럴듯하지만 본질적으로 잘못된 것으로, 높은 세금으로 인해 자신이 원하는 것을 구매하기가 훨씬 더 어려워진다는 믿음이다. 다른 하나는 이전 장에서 논의했던 것으로, 성공한 사람들이 자기 인생에서 행운의 중요성을 과소평가하는 경향이다. 이 두 가지 오류 탓에 더 많은 세금으로 누릴 수 있는 질 좋은 공공 서비스의 매력적인 장점을 알아차리고 인정하는 것이 어려워진다. 이 문제를 차례로 살펴보도록 하자.

첫 번째 오류는 몇 년 전 내가 동료 한 사람과 점심을 먹으면서 대화를 나누는 동안 여실히 드러났다. 그는 오바마 대통령이 우리를 위해 준비해둔 온갖 새로운 세금에 대해서 들어봤느냐고 물었고, 나는 아니라고 답했다. 그는 내 무지가 놀랍다는 표정을 지었다. 나는 우리 같은 사람들은 그런 문제에 대해 걱정할 필요가 전혀 없다고 했다. 그가 왜냐고 물었다. 일단 나는 정부가 세금 정책을 바꾼다고 해서 우리 두 사람이 원하는 것을 못 사게 될 가능성은 전혀 없을 거라 말했고, 그도 이 말에 동의했다. (우리 두 사람 모두 대학 교재로 널리 쓰이는 책의 저자였다. 이타카 같은 마을에서 이 말은 우리가 버는 액수에 비해 너무 적게 쓴다는 의미다.)

이어서 높은 세금 때문에 우리가 원하는 것을 못 사게 될까봐 걱정이냐고 물었다. 그랬다. 이것이 바로 그의 걱정이었다! 하지만 우리는 기본 생활에 필요한 모든 것을 이미 충족시키고 있다. 따라서 우리 같은 사람들이 사고 싶어하는 것이란 대개 희소가치가 높은 것이다. 아름다운 호수가 내려다보이는 근사한 주택이나 요트 항구 안에 있는 개인용 고급 선착장 같은 것 말이다. 우리는 이런 것을 얻기 위해 우리와 비슷한 취향과 수입을 가지고 우리와 같은 것을 원하는 사람들보다 더 비싼 값을 불러야 한다. 그런데 정부가 세금을 올리면 우리만 세금을 더 내는 것이 아니다. 다른 사람들도 세금을 더 내야 한다. 따라서 우리가 원하는 게 누구 손에 떨어질지 결정하는 입찰 경쟁은 본질적으로 아무런 영향을 받지 않는다. 최고의 주택 용지와 선착장은 결국 세금이 올라가기 전과 똑같은 사람이 차지하게 된다.

간단히 말해서, 한 개인의 세후소득 감소가 가져오는 영향과 모든 사람의 세후소득 감소가 가져오는 영향은 전혀 다르다. 만약 여러분 혼자서 소득 감소를 경험하게 된다면, 원하는 것을 사기 어려워질 것이다. 그러나 모든 사람의 소득이 일제히 감소한다면, 상대적인 구매력은 조금도 영향을 받지 않는다. 희소가치가 높은 재화의 구매자를 결정하는 것은 상대적인 구매력이다.

절대다수의 사람이 경험하는 (실직이나 이혼, 화재 피해 등으로 인한) 소득 감소는 오직 당사자에게만 영향을 미치는 손해이기 때문에, 우리는 가용성 추단법을 통해서 높은 세금과 소득 감소를 동일한 손실로 여긴다. 여러분이 직장에서 쫓겨나면 전망이

기가 막힌 주택을 구입하기 어려울 것이다. 하지만 모든 사람의 실질소득이 감소할 때는 (세금이 오를 때처럼) 전혀 다른 이야기가 된다.

한 개인에게 발생하는 소득 감소와 모두에게 전면적으로 발생하는 소득 감소를 구별하지 못하는 것과 마찬가지로, 행운의 중요성을 과소평가하는 태도 역시 충분히 이해할 수 있다. 앞서 이야기한 대로, 똑똑하고 열심히 일하는 사람이 갑자기 큰돈을 벌게 되었을 때, 재능과 노력으로만 성공할 수 있었다고 생각하는 것은 꽤나 자연스러운 사고방식이다.

두 가지 인지적 오류 모두 우리가 이곳에 태어난 것이 행운이라고 느낄 수 있는 환경을 유지하는 데 필요한 세입 증대를 어렵게 만든다. 크게 성공한 사람들이 행운의 역할을 간과하고 자신의 재능과 노력이 성공의 가장 큰 원인이라고 당연하게 여기기 때문이다.

우리는 서로 모르는 사람들이 벌이는 협상 게임 실험에서 이같은 주장의 한 가지 근거를 찾을 수 있다. 협상 게임의 한 종류인 '최종 제안 게임'에는 두 사람이 참가한다. 한 명은 제안하는 사람이고 다른 한 명은 응답하는 사람이다. 제안자는 얼마간의 돈(예컨대 100달러)을 받고 응답자에게 배분 비율을 제시한다. 어떻게 나누어 갖든 간에 금액의 합은 100달러가 되어야 하고, 응답자에게 제안할 수 있는 최소 금액은 1달러다. 응답자가 제안을 받아들이면 그 제안대로 돈을 배분한다. 그러나 제안을 거절하면

100달러 전부를 실험자에게 고스란히 돌려줘야 한다. 두 명 모두 한 푼도 못 받게 된다는 뜻이다. 능숙한 협상가라는 인상을 심어주지 않기 위해 협상은 단 한 차례로 제한한다.

제안자가 오로지 자기 이익에만 충실하다면 상대방에게 1달러를 제안하고 나머지 99달러를 챙기는 것이 최선의 선택일 것이다. 역시 전적으로 자기 이익에 충실한 응답자라면 제안을 거절해서 한 푼도 받지 못하느니 제안을 받아들여 1달러라도 받는 편이 낫다고 판단할 것이다.

하지만 이 실험을 무수히 반복한 결과, 이렇게 한쪽으로 치우친 제안을 내놓는 사람은 거의 없었다. 사실 많은 사람이 50 대 50으로 제안을 한다. 이는 공평함이나 관대함에 대한 관심을 반영하는 것일 수도 있지만, 자신에게 지나치게 유리한 제안을 내놓으면 응답자가 거절할 수 있다고 우려하기 때문이기도 하다. 아니나 다를까, 몇 안 되는 제안자들이 극단적으로 유리한 조건을 내밀자, 대부분의 응답자가 거절했다.

우리는 행운에 대한 그릇된 믿음에 초점을 맞춰 이 실험을 약간 변형할 수 있다.[6] 이전 실험과 마찬가지로 이번 게임에도 돈을 나눠 가질 제안자와 응답자가 있다. 다만 협상에 앞서 양측 모두에게 컴퓨터 화면을 보여주는데, 화면을 반으로 가르는 수직선 좌우에 거의 같은 개수로 보이는 수많은 작은 점이 분포하고 있다. 실험자는 두 사람에게 어느 쪽에 점이 더 많은지 묻는다. 그러고 나서 네 종류의 피드백을 제공한다. 둘 다 정답을 맞히는 경우, 둘 다 오답을 말하는 경우, 제안자는 맞고 응답자가 틀리는 경우, 제안자는 틀리고 응답자가 맞는 경우다. 사실 이 피드백은 실험 참가자들이 정답을 맞혔는지 여부와 상관없이 임의로 제공하는 것이다. 요컨대 참가자들은 피드백이 자신의 능력을 반영한다고 믿지만, 실은 무작위로 건네는 피드백이었다.

실험 결과는 예상대로였다. 자신이 맞고 응답자가 틀렸다는 피드백을 받은 제안자는 일방적으로 자신에게 훨씬 유리한 제안을 내놓았다. 같은 피드백을 받은 응답자 역시 그 제안을 받아들일 확률이 훨씬 높아졌다. 제안자는 틀리고 응답자가 맞다는 피드백의 경우에는 정반대의 결과가 나왔다. 하지만 행동상의 차이는 상당히 비대칭적이었다. 제안자가 자신은 맞고 응답자는 틀리다고 들었을 때는 둘 다 맞았다고 들었을 때보다 자기 몫을 훨씬 더 많이 늘려서 제안했다. 하지만 제안자가 자신은 틀리고 응답자가 맞았다고 들었을 때는, 둘 다 맞았다고 들었을 때보다 자기 몫을 아주 조금만 줄여서 제안했다. 자기 능력이 더 낮다고 여기는 잘못된 믿음은 더 많은 몫을 주장할 강력한 명분을 제공하는 것이 분명하다. 반면 자기 능력이 더 못하다고 여기는 잘못된 믿음은 이보다 훨씬 적은 영향을 미친 것이다.

내 유능한 조교 휘웨저우 외적인 요인의 중요성을 인정하는 정도가 공익에 이바지하고자 하는 마음에 어떤 영향을 주는지 알아보는 간단한 실험을 구상했다. 그는 크라우드소싱 서비스인 아마존 메커니컬 터크Amazon's Mechanical Turk의 인력 집단[7]에서 참가자들을 모집해 최근에 자신에게 일어난 좋은 사건을 하나씩 떠올려보라는 질문으로 실험을 시작했다. 이어서 한 집단에는 그 사건의 원인 가운데 자신이 어쩌지 못하는 외적 요인을, 두 번째 집단에는 그 사건이 일어나게 만든 개인적 행동이나 특성을 열거하도록 했다. 그리고 세 번째 통제집단에는 좋은 일이 일어난 이유를 단순히 나열하라고 했다.

각 집단의 구성원들은 실험에 참가하면서 50센트를 받았고 실험이 끝나면 1달러를 더 받기로 되어 있었다. 실험이 끝날 무렵, 세 집단의 실험 참가자들은 자신이 받을 1달러의 일부 또는 전부를 비영리 단체 세 곳 가운데 한 곳에 기부할 기회가 주어졌다. (해당 비영리 단체는 가족계획연맹과 세계야생동물기금, 국경없는의사회였다.)

〈도표 6.1〉에서 보듯, 최근에 일어난 좋은 사건의 외적 원인을 떠올린 참가자들은 (상당수가 행운을 명시적으로 언급했고, 이외에 힘이 되어주는 배우자나 친절한 선생님, 경제적인 지원 같은 요인들을 나열한 사람들로) 좋은 사건의 내적 원인을 생각해본 참가자들보다 기부액이 25퍼센트 더 많았다. 반면 내적 요인 집단의 참가자들은 노력이나 결심, 신중한 의사결정 등을 언급했다. 통제집단 참가자들의 기부액은 두 집단의 중간쯤이었다. 잠시 뒤에 살펴보겠지만, 이 실험의 결과는 고마운 감정이 인간 행동에 미치는 영향에 대해 심리학자들이 진행한 방대한 연구 결과와 일치한다.

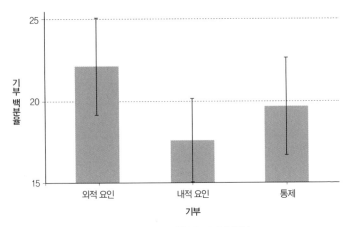

도표 6.1 사람들은 자신이 누린 행운에 대해 생각할수록 더 관대해진다.

외적 요인: 평균=22.14, 참가자 수=93
내적 요인: 평균=17.61, 참가자 수=108
통제: 평균=19.67 참가자 수=100

 행운이 성공에 미치는 영향을 인지하지 못하는 사람일수록 자신이 노력해서 얻은 수입 전부에 대해 당연한 자격을 갖는다는 생각이 확고해지면서 납세를 더 꺼릴 수 있다. 17세기 영국 철학자 존 로크는 이렇게 말했다. "모든 사람은 자신만의 부를 가진다. 자신 말고는 어느 누구도 이에 대한 권리를 행사할 수 없다. 자신의 몸으로 노동하고 자신의 손으로 일한 결과는 응당 자신의 것이라 하겠다."[8] 로크는 이 발언으로 말미암아 납세를 거부하는 전 세계 모든 사람에게 수호신과도 같은 존재가 되었다.

 자신이 열심히 일해서 벌어들인 돈에 대해 당연한 자격이 있다는 생각은 아마도 손실회피loss aversion 심리로 알려진 현상에 기인하는 바가 클지 모른다. 행동경제학에서 가장 믿을 만한 연구 결과 가운데 하나인 손실회피는 사람들이 이득을 얻기보다 같은 양의 손실을 피하기 위해 훨씬 더 열심히 싸우는 경향을 말한다.[9] 성공한 사람 대부분은 돈을 벌기 위해 무척 열심히 일하기 때문에 그 수익이 온전히 자기 것이라는 느낌이 들게 마련이고, 따라서 그 돈에 세금을 부과하는 행위는 일종의 도둑질처럼 느낄 수 있다.

그러나 과세와 도둑질을 동일시하는 관점은 옹호하기 어렵다. 세금이 없는 국가는 군대를 보유할 수 없고, 결국 군대를 가진 다른 국가로부터 침략을 당할 것이다. 그렇다면 국민은 국가에 세금을 내야만 한다. 정치학에서 강제 과세가 없는 국가란 화학에서 매우 불안정한 동위원소와 같다.

철학자 리암 머피와 토머스 네이절은 국민이 세전수입 모두를 가질 도덕적 자격이 있다는 확신은 그 어느 때도 존재하지 않았다고 주장한다.[10] 정부는 국민이 가치 있게 여기는 서비스를 제공하고 국민은 이 서비스에 대해 값을 지불해야 한다. 무릇 민주국가에서 입법자는 어떤 세율을 적용할지 결정하고 국민은 오직 세후수입만 가질 자격이 있다. 세금 내기를 좋아하는 사람이 어디 있겠냐마는, 세금 없는 세상이 더 안 좋은 세상이라는 사실은 삼척동자도 모를 수 없다.

전 세계적으로 정부의 재정 적자가 늘어나는 흐름에는 가장 부유한 사람들의 끈질긴 감세 요구가 크게 작용한 측면이 있다.

어떤 사람들은 정부의 세입을 제한하면 정부의 낭비를 없애는데 도움이 될 것이라는 이른바 '괴물 굶기기 전략starve-the-beast strategy'의 일환으로 감세를 주장하기도 한다. 하지만 정부의 여러 시책은 유권자들이 원하기 때문에 존재하므로 폐기하기가 지극히 어렵다. 실제로 대개 감세가 이뤄지는 곳은 감세가 정말 이뤄져야 하는 곳이 아니라 감세로 인해 손해를 보는 사람들이 가장 적게 반발하는 곳이다. 그리하여 화살은 우리 미래를 위한 투자로 향하게 된다. 이로 인해서 피해를 입는 국민은, 안타깝지만 조금도 저항할 수가 없다. 아직 태어나지 않은 국민이기 때문이다.

수천만 명에 이르는 베이비붐 세대가 머지않아 은퇴를 앞두게 되면서, 재정 전문가들은 우리가 예산의 수지를 맞출 수 없을 것이며 상당한 규모의 새로운 세수 없이는 필수적인 투자들을 계속해나갈 수 없을 것이라고 경고한다. 지난 40년 동안 발생한 소득의 대부분은 최상위 소득계층이 가져갔기 때문에, 세입의 대부분도 부유한 사람들한테서 나와야 한다. 악명 높은 은행 강도 윌리 서턴은 왜 은행을 털었냐는 질문에 이렇게 대답했다. "돈이 거기에 있으니까!"

자기 인생에서 행운의 중요성을 명확하게 인지하는 사람일수록 자신이 이룬 그 어떤 성공에도 한결 감사하는 마음을 가질 확률이 높다고 볼 수 있다. 그들의 성공을 도왔던 사회 기반이 좋은 상태로 유지되도록 기꺼이 돕겠다는 마음에 이런 감정은 어떤 영향을 미칠까? 노스이스턴대학교 심리학자 데이비드 데스테노는 감사하는 마음에 대해서 다양한 실험을 진행했는데, 이 질문에 답하는 데 도움이 될 것이다.

널리 인용되는 연구 결과를 살펴보자. 데스테노는 공저자들과 함께 실험 참가자들이 고마움을 느끼도록 상황을 영리하게 조작한 다음, 참가자들이 자기 지갑을 열어 남을 돕는 데 쓸 기회를 부여했다.[11] 연구는 실험집단(고마움을 느끼도록 유도한 사람들)과 통제집단(그런 마음이 들도록 아무런 조치도 취하지 않은 사람들)을 대상으로 진행되었다. 두 집단의 구성원들은 먼저 컴퓨터 앞에 앉아서 모니터에 깜빡이는 알파벳들을 조합하면 영어 단어가 되는지 기록하는 과제를 수행했다. 지루함을 느끼도록 고안한 과제였다. 참가자들은 최대한 빨리 과제를 마치고 다음 단계로 넘어가라는 지시도 받았다.

실험집단 참가자들이 과제를 끝마치고 피드백을 기다리고 있을 때, 연구진은 그 컴퓨터가 고장 난 것처럼 연기를 했다. 그때 근처 컴퓨터 앞에 앉아 있던 한 참가자가 도와주겠다고 나섰다. 이전 실험에서도 고장 난 컴퓨터 한 대를 자신이 고쳤다면서 말이다. 물론 이 참가자는 연구자들과 짜고 상황을 조작하는 임무를 맡은 '공모자'였다.

곤란한 상황에 처한 참가자 모두는 그 제안을 받아들였다. 공모자는 키보드를 몇 번 두드려서 컴퓨터를 "고쳤다". 재부팅한 컴퓨터 모니터에는 참가자의 과제 수행 결과가 날아가지 않고 고스란히 남아 있었다. 실험집단 참가자들이 이처럼 조직된 상황에서 컴퓨터를 고쳐준 다른 참가자에게 고마움을 느꼈다는 사실은 실험이 끝난 뒤 실시한 설문조사를 통해서 확인할 수 있었다. 통제집단 참가자들은 컴퓨터가 고장 나는 상황만 제외하고 실험집단과 똑같은 과제를 수행했다. 이 경우에는 공모자가 다음 단계로 넘어가기 전에 실험과 상관없는 (날씨 같은) 중립적 화제로 참가자와 간단한 대화만 나누었다.

이어서 실험집단과 통제집단의 참가자 모두는 공익을 위해서라면 비용이 들어가더라도 기꺼이 행동에 나설 것인지 알아보는 경제와 관련된 게임에 참여했다. 연구진은 먼저 참가자들을 둘씩 짝지었다. 그리고 한 사람 앞에 4개씩 토큰을 나누어주었다. 참가자가 가지고 있으면 토큰 하나를 1달러로 간주하고, 상대방에게 건네면 토큰 하나가 2달러의 값어치를 갖는다. 그러므로 참가자 모두에게 최선의 결과는 자기 토큰 4개를 전부 상대방에게 주고 각자 8달러씩 받는 것이다. 하지만 두 사람이 어떻게 주고받을 것인지 미리 상의할 수 없으므로 모든 토큰을 상대방에게 양도하는 것은 위험이 따르는 선택이다. 상대방도 자신과 마찬가지로 토큰 4개를 전부 넘겨준다는 보장이 없기 때문이다. 따라서 철저하게 이기적인 참가자라면 토큰 4개 모두를 그대로 남겨두고 싶은 유혹을 느낄 것이다. 그러면 4달러는 무조건 확보하는 셈이기 때문이다. 만약 토큰 4개를 전부 상대방에게 주었는데 자신은 아무것도 받지 못하면 한 푼도 못 건지는 사태가 벌어진다. 게다가 상대방이 토큰 4개를 전부 자신에게 준다면 12달러나 챙기는 횡재를 누릴 수도 있다.

따라서 게임 참가자가 상대방에게 주려는 토큰 수는 그가 지닌 공공지향성public spiritedness의 유용한 척도라고 할 수 있다. 참가자 모두는 딱 한 번만 게임에 참여하기 때문에 다음번 게임에서 보복 가능성은 배제된다. 참가자들은 상대방이 다른 방에서 컴퓨터로 과제를 수행한 사람들이라고 듣는다. 그리고 실험집단과 통제집단의 구성원 가운데 각각 절반씩은 실험 초반에 자신과 이야기를 나누었던 그 사람(공모자)과 짝이 되었다고 듣는다.

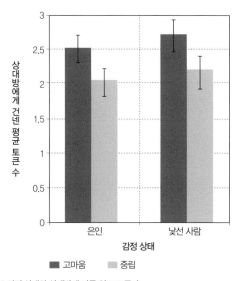

도표 6.2 감정 상태와 상대방에 따른 양도 토큰 수

'은인'이란 이미 알고 있는 상대방(실험집단에는 도움을 준 사람, 통제집단에는 중립적 화제로 대화를 나눈 사람)을 말한다. 출처: 데이비드 데스테노 외, 「고마움이라는 도덕적 정서: 경제적 교환에서 감정이 이끌어내는 협력」, 『감정』 10.2 (2010): 289–93.

나머지 절반은 상대방이 낯선 사람이라고 듣는다.

이 실험의 결과는 〈도표 6.2〉로 요약된다. 짙은 색 직사각형은 실험집단의 참가자가, 옅은 색 직사각형은 통제집단의 참가자가 상대방에게 건넨 토큰의 평균 개수를 나타낸다. 감사하는 감정이 유발된 실험집단의 참가자가 통제집단의 참가자보다 자신의 짝에게 적어도 25퍼센트 더 많은 토큰을 주었다. 데스테노와 공저자들은 호혜성의 규범 때문에 더 관대해진 것이 아니라고 강조했다. 단순히 도움을 받은 사람에게 보답해야겠다고 생각한 것이 아니라는 말이다. 실제로는 자신에게 도움을 주었다고 생각한 공모자보다 완전히 낯선 사람에게 토큰을 제공할 때 더 관대했기 때문이다.

이와 비슷하게 고마움을 느끼도록 상황을 조작한 이전 실험에서 데스테노와 모니카 바틀릿은 참가자들이 도움 요청에 기꺼이 응하는 정도를 측정했다. 일부는 실험의 이전 단계에서 자신을 도와줬던 공모자로부터, 나머지는 낯선 사람으로부터 도와달라는 부탁을 받았다.[12] 〈도표 6.3〉에서 보듯, 감사하는 마음이 유발된 참가자들은 그렇지 않은 참가자보다 도움을 요청한 사람을 도와주는 데 더 많은 시간을 할애했다.

자기 인생에서 행운의 역할을 인정하는 사람들은 실제로 자신이 누리는 성공에 고마움을 느낄 가능성이 크고, 아울러 공익을 위해 자기 노력의 결실 일부를 내놓을 가능성이 크다는 연구 결과다.

찰스 디킨스의 딸 메이미는 아버지에 대한 회고록에서 어느 크

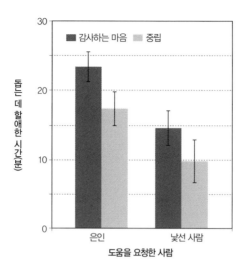

도표 6.3 감정 상태와 상대방에 따른 도움 시간

'은인'이란 이미 알고 있는 상대방(통제집단이 아니라 실험집단의 참가자들에게 도움을 준 공모자)을 말한다. 출처: 모니카 바틀릿과 데이비드 데스테노, 「고마움과 친사회적 행동: 희생이 따른 상황에서 남을 돕는다는 것」, 『심리과학』 17.4 (2006년 4월호): 319-25.

리스마스 가족 모임을 떠올렸다. 디킨스가 자녀들을 모아놓고 이렇게 말했다는 것이다. "누구나 어느 정도는 가지고 있기 마련인 과거의 불행에 대해서 생각하지 말고, 지금 너희가 누리고 있는 축복에 대해서 잘 생각해보거라. 누구나 감사해야 할 일이 참 많단다."[13] 이런 조언에 귀를 기울이는 사람들은 한층 기꺼이 공익에 이바지할 뿐만 아니라 건강하고 행복한 삶을 누릴 가능성도 크다는 사실이 최근 심리학계의 연구를 통해서 입증되고 있다.

한 예로, 심리학자 로버트 에먼스와 마이클 매컬러가 진행한 실험을 살펴보자. 첫 번째 집단의 사람들에게 그 주에 일어난 사건들 가운데 고마움을 느끼는 사건을 적게 하고, 두 번째 집단에게는 짜증스러운 사건을, 세 번째 집단에게는 일어난 사건을 있는 대로 적게 했다.[14] 실험 10주차에 접어들자, 감사한 사건들을 적었던 사람들은 나머지 집단의 사람들보다 훨씬 더 긍정적으로 변했고 더 높은 수준의 행복감을 느꼈다고 말했다. 게다가 다른 집단에 비해서 더 많이 운동하고 병원에 가는 일이 줄어들면서 건강 상태가 더 좋아진 것으로 나타났다.

심리학자 마틴 셀리그먼과 공저자들의 또 다른 연구도 있다. 연구진은 사람들에게 이전의 연구에서 행복감을 높여주는 것으로 드러난 다섯 가지 과제를 수행하라고 요구했다.[15] 그 가운데 하나는 예전에 고마움을 제대로 전하지 못한 사람에게 감사 편지를 써서 직접 건네는 과제였다. 특히 이 과업은 나머지 네 개의 과제보다 행복 점수를 더 많이, 더 지속적으로 높여주는 것으로 나타났다.

이외에도 심리학계의 수많은 연구에서 이와 비슷한 결과가 도출됐다. 낸시 디건과 에이미 코블은 남에게 감사하는 마음을 갖도록 유도한 실험 참가자가 이후로 불안감이 줄고 수면의 질이 향상되었음을 알아냈다.[16] 네이선 디월과 공저자들은 감사하는 마음을 갖도록 유도한 사람이 다른 사람에 대한 공감 능력이 더 뛰어나고, 다른 사람이 자신을 화나게 했을 때 공격적으로 반응할 확률이 더 낮다고 확인했다.[17]

———

부유한 사람들이 추가적인 감세를 위해 지속적으로 로비하는 이유는 단지 행운의 중요성을 제대로 인정하지 않기 때문만은 아니다. 하지만 이 점이 중요한 이유다. 결국 문제는 세법에 대한 정치적 결정에 영향을 끼칠 수 있는 가장 힘센 사람들이 종종 행운을 가장 경멸한다는 사실에서 비롯된다.

전설적인 사모펀드 블랙스톤 그룹의 공동 설립자이자 CEO인 스티븐 슈워츠먼을 생각해보자. 슈워츠먼은 엄청난 부자다. 2007년 파크애비뉴 아모리에서 절친한 사람 수백 명을 불러 모아 300만 달러짜리 환갑잔치를 벌인 것으로 화제가 된 인물이다. 인터넷 매체 고커의 보도에 따르면, "영국의 록 가수 로드 스튜어트가 파티에 모인 손님들을 위해 노래하고 100만 달러를 받았으며, R&B와 솔뮤직의 대모로 불리는 패티 라벨이 생일 축하 노래를 불렀다. 파티장 내부는 슈워츠먼의 4000만 달러짜리 초호화 복층아파트를 그대로 옮겨놓은 것처럼 디자인했다."[18] 그런데도 슈워츠먼은 정부가 "내 돈"을 너무나 많이 가져간다고 믿는다.

『뉴요커』에 경제 칼럼을 쓰는 제임스 서로위키가 생각하는 슈워츠먼은 이런 사람이다.

지난 몇 년간은 스티븐 슈워츠먼에게 아주 좋은 시절이었다. (…) 빌린 돈에 의지하는 그의 사업은 낮은 이자율이라는 큰 혜택을 누렸고, 주식시장의 호황 덕분에 짭짤한 투자 기회를 즐겼다. 슈워츠먼은 개인 재산만 100억 달러가 넘는다. 여러분은 그런 그가 불평할 게 별로 없으리라 생각할 것이다. 하지만 슈워츠먼의 말을 가만히 들어보면, 그는 간섭하기 좋아하고 어떻게든 세금을 많이 물리려는 정부와 불평과 시기를 입에 달고 칭얼대는 대중으로부터 시달리는 사람이다. 최근 슈워츠먼은 미국의 중산층이 자기 문제를 빌미 삼아 "부유한 사람들을 비난한다"고 투덜거렸다. 예전에는 저소득층에 대한 세금도 올려서 그들도 "한 배에 태워야 한다"고 주장했고, (그가 개인적으로 이득을 챙기는) 사모펀드의 성과보수에 대한 탈세의 여지를 없애자는 주장에 대해서는 독일의 폴란드 침공과 다를 바 없다고 했다.[19]

서로위키는 다른 부유한 CEO들도 비슷하게 볼멘소리를 한다고 지적했다. 벤처캐피털리스트 톰 퍼킨스와 홈디포의 공동 창립자인 케네스 랑곤은 최근 부자들에 대한 비판이 포퓰리즘이라면서 나치의 유대인 공격에 빗대기도 했다.

슈워츠먼을 비롯한 거부들은 최고 세율을 더 낮추고 사업 규제를 완화하는 쪽으로 로비를 벌이는 여러 정치활동위원회에 막대한 돈을 대고 있다. 그리고 이 목표를 쟁취하기 위한 그들의 정치적인 힘은 최근 정치자금법에 대한 연방대법원 판결의 여파로 눈에 띄게 증가했다.

그 결과 시장에서 거둔 수많은 성공 사례를 오직 개인적 차원에서만 설명하는 일종의 양성 피드백 회로가 자리를 잡았다. 다시 말해서, 엄청난 규모의 성공을 거둔 사람들은 이제 자산의 일부를 더 유리한 세금 제도나 규제 정책을 쟁취하기 위해 사용하고, 그 덕분에 더 큰 부자가 되면 더더욱 유리한 환경을 조성하기 위해 다시 투자하는 식이다.

이런 흐름은 시간이 흐를수록 가속도가 붙기 때문에 변화를 원하는 사람들로서는 희망을 잃어버리기 십상이다. 하지만 절망은 성공으로 가는 길에 놓인 걸림돌을 극복하기 더 어렵게 만들 뿐만 아니라, 사회적 변화도 방해한다. 따라서 변화를 지지하는 사람들이라면, 아직 희망이 남아 있다는 합리적인 근거가 있다면, 희망을 잃지 않는 것이 무엇보다 중요하다.

닉슨 대통령의 경제수석이었던 허브 스타인의 유명한 말처럼, "영원히 계속될 수 없으면 결국에는 멈출 것이다."[20] 하지만 시간이 흐를수록 점점 더 강력해지는 힘을 대체 무엇으로 멈출 수 있을까? 정답은 마찬가지로 시간이 흐를수록 점점 더 강력해지는 정반대의 힘이다.

더 낮은 세금과 덜 까다로운 규제를 위해 치열하게 로비하는 사람들이 사회 전체를 위하라는 호소를 받아들여 스스로 행동을 바꿀 가능성은 낮다. 그들 대부분은 분명 자신의 이익이 곧 사회의 이익이라고 확고하게 믿는다. 하지만 개인 소비와 공공 지출에서 나타나는 작금의 패턴은 저소득층과 중산층 가정뿐만 아니라 부유층에게도 대단히 비생산적이리는 결정적 근기가 많다. 부유한 사람들이 이런 근거를 몸소 경험한다면, 설득력 있다고 느낄 것이다. 부유한 사람들이 현재의 패턴이 자기 이익에 얼마나 저조하게 이바지하는지 깨닫는다면, 근본적인 정책 변화를 부르짖는 목소리가 훨씬 더 각광을 받을 것이다.

나는 몇 년 전 경험을 통해서 인식의 틀이 아주 조금만 변해도 이런 문제에 대한 사람들의 사고방식이 엄청나게 바뀔 수 있다는 사실을 알게 되었다. 안식년 기간에 가족과 함께 파리에 머물 때였다. 하루는 오후에 학교에서 돌아온 둘째 아들 헤이든이 상기된 얼굴로 씩씩거리며 집에 왔다. 녀석은 자신이 저지르지 않은 행동에 대해 경고장을 받은 모양이었다. 놀이터 감독자가 자신을 향해 입에 담지 못할 욕설을 퍼부은 어떤 학생에게 단단히 화가 났는데, 용의자를 특정할 수 없었던 나머지 헤이든을 포함해 근처에서 놀고 있던 학생 모두에게 책임을 물은 것이다.

세상 억울한 헤이든은 우리가 청문회 개최를 요구해야 한다고 생각했다. 하지만 내가 학교에 몇 마디 물었더니, 경고장 하나로는 문제 될 것이 전혀 없었다. 한 학년 동안 이미 세 차례나 경고장을 받은 학생들만 문제가 되는 것이었다.

나는 헤이든에게 프랑스의 학교 시스템은 미국과 다른 방식으로 문제를 처리한다고 일러주었다. 아울러 해당 사건에 대해 철저한 조사가 이루어진다고 한들 학교 당국이 사실관계를 바로잡을 것이라는 보장도 없다고 했다. 헤이든은 프랑스 시스템이 거의 모든 문제를 정당하게 처리한다고 인정하는 눈치였다. 한 학년 동안 징계 경고를 네 차례나 받은 학생이라면 실제로 무언가 잘못했을 가능성이 높기 때문이다. 아들은 새로운 인지적 틀로 문제를 바라봄으로써 분노를 완전히 가라앉힐 수 있었다.

마찬가지로 나는 성공과 행운의 관계에 대해 짧은 이야기를 나누는 것만으로 여러 부유한 사람이 세금에 대해 느끼는 분노를 누그러뜨리는 모습을 종종 본다. 슈워츠먼처럼 성공한 국민이 세금의 강제 징수를 국가가 자신이 정당하게 번 돈을 부당하게 빼앗는다고 직감적으로 느끼는 것은 이해할 수 있다. 하지만 세금에 대한 이런 식의 사고방식은 무익하다. 광범위한 공공 투자는 세금의 강제 징수를 반대하는 바로 그 사람들이 경제적으로 성공하기 위한 필수 전제 조건이다. 공공 투자는 세금 없이 불가능하기 때문이다.

단기적으로는, 세금을 비롯한 여러 주제에 대한 합리적인 견해가 불합리한 견해를 언제나 이기는 것은 아니다. 하지만 장기적으로는 역사가 진실을 향한다는 점에서 우리 모두는 위안을 찾아야 할 것이다. 특정한 견해에 대한 근거가 설득력을 얻을 때, 그 견해를 기꺼이 받아들이는 사람의 숫자는 눈덩이처럼 불어난다. 믿음은 전염성이 강하다.

가장 분명한 최근의 사례 가운데 하나는 동성 결혼 허용에 대한 미국 여론의 변화를 들 수 있다. 불과 10년 전까지만 해도 미국 전역의 절대다수가 동성 결혼 허용에 대해 강력하게 반대했다. 그러나 2010년에 이르면서 여론은 같은 비율로 양분되었다.

2014년 봄에는 미국인의 59퍼센트가 결혼권의 평등을 지지했고, 34퍼센트만이 반대했다.[21]

동성애 관계에 있는 사람들에 대한 언론 보도는 이런 변화를 추동하는 여론을 형성하는 데 이바지하기도 한다. 엘머 로킨스와 구스타보 아르칠라는 1945년 뉴욕에서 만났고 둘의 관계는 가까운 친척들에게조차 비밀이었다. 그렇게 반세기가 넘도록 지내온 두 사람은 2003년 동성 결혼을 허용한 캐나다로 가서 법적으로 부부의 연을 맺었다. 아르칠라는 2007년 뉴욕시 연례 웨딩 마치에서 하객들에게 "캐나다가 우리의 결혼을 가능하게 해주었다"면서 이렇게 말했다. "다른 지역에서도 동성 결혼이 머지않아 가능해지기를 바랍니다. 시간이 많이 남진 않았지만, 그래도 우리가 살아 있는 동안 그런 날이 찾아왔으면 좋겠습니다."[22]

결혼의 평등성을 공개적으로 지지해온 사람들조차 해당 이슈에 대한 여론이 이토록 빠르게 변할지 미처 예상하지 못했다. 말이 나왔으니까 하는데, 그 어떤 전문가가 소비에트 연방의 갑작스러운 붕괴나 아랍의 봄을 예상할 수 있었겠는가. 이들 사례에서 나타난 불확실하고 예측 불가능한 측면은 사회적 신념 체계가 지닌 고유의 특징이다.[23]

사람은 한 번의 대화로 생각을 바꿀 수 있다. 나는 최근 대단한 성공을 거둔 사람들과 대화하면서 이들의 의견이 그 자리에서 바뀌는 모습을 목격해왔다. 자신이 거둔 성공이 재능과 노력이 아닌 요소로부터 왔을 가능성에 대해서 한 번도 생각한 적이

엘머 로킨스(왼쪽)와 구스타보 아르칠라, 사진: 제임스 에스트린, 「뉴욕타임스」

없는 듯한 많은 사람이 때로는 놀라울 정도로 기꺼이 그 문제에 대해 다시 생각해보려 한다. 그중에는 살아오면서 누렸던 행운의 구체적인 사례를 잠깐 동안 여러 개나 떠올린 사람들도 있었다.

성공에 있어서 행운의 중요한 역할을 제대로 인지하지 못한 탓에 생겨나는 조세 저항은 미래 세대가 행운을 누리는 데 필요한 공공 투자를 더 어렵게 만든다. 잠시 뒤에 살펴보겠지만, 가장 돈을 많이 번 사람들을 포함한 우리 모두에게 해로운 소비 패턴이 생겨난 것도 행운에 대한 그릇된 인식 탓이다.

7장

우리는 운이 좋다

: 절호의 기회

피아노를 잘 치려면 다른 일을 하는 데 쓸 수 있는 많은 시간을 오롯이 연습에 쏟아야 한다. 추리소설을 읽느라 일요일 밤늦게까지 잠자리에 들지 않으면 수면 부족으로 피곤한 몸을 이끌고 어떻게든 월요일을 시작해야 한다. 새 모터사이클을 사는 데 2000달러를 썼다면 그 돈으로 할 수 있었던 여행이나 다른 오락거리를 포기해야 한다. 경제학자들이 좋아하는 표현대로 "공짜 점심은 없다". 이처럼 우리가 가치 있게 여기는 것에는, 명시적이든 암묵적이든 간에 대가가 따르기 마련이다.

하지만 이 원칙에는 명백한 예외가 존재한다. 예를 들어 여러분이 사봤자 아무 쓸모없는 물건에 2000달러를 쓰기 직전이라고 가정해보자. 그 물건을 사는 데 돈을 안 쓰면, 여러분은 그동안 꿈꿔왔던 2000달러짜리 모터사이클을 살 수 있다. 아무것도 포기할 필요 없이 말이다. 나는 이것을 공짜 점심은 없다는 원칙의 명백한 예외라고 부른다. 기왕 낭비될 돈을 당신이 원하는 곳에 투자한다면 포기해야 할 것은 없기 때문이다. 따라서 당신이 어떤 값비싼 물건을 사고 싶을 때, 현재 불필요한 지출이 존재한다면 그 물건을 구매하기 훨씬 쉬울 것이다.

물론 우리 대부분은 돈을 어떻게 써야 하는지 이미 철저하게 관리하고 있기 때문에 낭비를 어디서 줄여야 할지 파악하기 어려울지도 모른다. 그러나 우리는 현재의 소비 패턴으로 인해 연간 수조 달러가 족히 넘는 어마어마한 액수의 돈을 낭비하고 있다. 이러한 낭비는 우리가 부주의한 소비자라서가 아니라, 개인적인 소비 동기가 공동체의 이익과 자주 충돌하기 때문에 발생한다. 관중이 스포츠 시합을 조금이라도 더 잘 보기 위해 모두 일어서 있는 경기장을 생각해보자. 모두가 그저 편안하게 자리에 앉아 있다면 경기 장면이 훨씬 더 잘 보일 것이다. 이처럼 우리 각자의 개인적 소비 동기는 여러모로 비슷해서 상쇄하는 방식으로 돈을 쓰게 만든다.

예컨대 부모는 딸의 결혼 비용으로 얼마가 필요하다고 생각할까? 부모는 하객들이 그 결혼식을 특별한 사건으로 기억하길 원하지만 '특별하다'는 것은 상대적인 개념이다. 물론 피로연에 패스트푸드 햄버거를 내놓는다면 대부분의 경우 바람직하지 않을 것이다. 하지만 출장연회 서비스와 꽃 장식에 대체 얼마나 돈을 써야 적당할까?

그 기준은 장소에 따라 다르고 시대에 따라 다르다. 1980년 미국의 평균 결혼 비용은 물가상승률을 고려했을 때 1만1000달러였다. 이 정도면 오늘날 전 세계 대부분의 지역과 비교해도 상당히 큰 금액이다. 그런데 2014년이 되면 그 액수가 3만 달러로 껑충 뛰어오르고, 심지어 맨해튼 지역의 평균 결혼 비용은 현재 7만 6000달러를 돌파했다.[1]

사람들이 이렇게 많은 돈을 쓰는 이유는 무엇일까? 간단한 대답을 내놓자면, '특별하다'를 정의하는 기준이 급격하게 높아졌다는 것이다. 왜 이렇게 되었는지는 나중에 이어서 이야기하고, 여기선 오늘날 값비싼 결혼식이 신혼부부의 행복을 조금도 보장하지 않는 사실에 주목하자. 오히려 결혼 비용이 올라갈수록 신혼부부의 이혼 확률도 올라가는 것으로 드러났다.[2] 만약 모든 결혼식 비용이 일률적으로 내려간다고 해서 결혼식 참석자가 덜 행복해지는 것이 아니라면, 이처럼 결혼식에 많은 돈을 쓰는 경향은 순전히 낭비라고 볼 수 있다.

현재 이런 식으로 낭비되는 상당량의 자원을 아낀다면 시급한 환경 문제와 경제 문제에 충분히 대처할 수 있다. 간단하고 거슬리지 않는 정책 수단도 있다. 우리는 교육에 투자함으로써 누구나 성공할 기반을 만들 수 있다. 방치해둔 기간시설을 정비하고, 의료 보장의 범위를 확대하며, 기후변화에 맞서고, 빈곤을 줄이기 위해 많은 것을 할 수 있다. 그것도 그 누구의 고통스러운 희생 없이 말이다.

터무니없는 주장이라고 느낄 수도 있다. 하지만 논란의 여지가 전혀 없는 다섯 가지 간단한 전제에 기댄 주장임을 안다면 깜짝 놀랄 것이다.

1. 준거틀이 중요하다. 대단히 중요하다

아래에 보이는 가로선 두 개 중 어느 것이 더 길까?

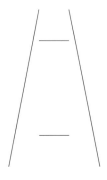

혹시 여러분이 여기에 뭔가 속임수가 있다고 의심한다면, 아마도 둘의 길이가 같다고 대답할지 모르겠다. 그런데 실제로 그렇다. 하지만 여러분에게 정말로 두 가로선의 길이가 같아 보인다면, 신경과 진료 일정을 잡아두는 것이 좋겠다. 정상적인 뇌의 소유자라면 위쪽 선이 더 길어 보이는데, 이는 그저 선이 놓인 위치 때문이다.

경제학자들은 이와 비슷한 프레이밍 효과가 우리가 구입하는 거의 모든 상품에 대한 평가를 결정한다는 사실을 좀처럼 인식하지 못했다. 앞서 언급한 대로, 내가 네팔에서 살던 방 두 개짜리 집은 전기는 물론 수도 시설조차 없었다. 미국에서 이런 집에 살았다면 우리 아이들은 친구를 집에 초대하기가 부끄러웠을 것이다. 하지만 네팔에서 그 집은 조금도 모자람 없는 거주 공간이었다.

만약 내 네팔 친구들이 뉴욕 이타카에 있는 우리 집을 본다면, 내가 제정신이 아니라고 생각할지 모르겠다. 그들은 도대체 이렇게 웅장한 집이 정말 필요하기나 한지 의아해할 것이다. 화장실은 또 왜 이렇게 많은가? 하지만 미국인 대부분은 그렇게 생각하지 않는다. 이런 현상은 우리가 내리는 평가의 상당 부분이 우리 주변에 있는 것들에 의해 좌우되기 때문이다.

2. 개인의 소비 패턴은 부분적으로 다른 사람들의 소비 패턴에 달려 있다

기본적인 경제 모형에서는 개인의 소비가 다른 사람들의 소비와 전혀 별개로 이루어진다고 가정한다. 하지만 프레이밍 효과를 고려하면 틀린 가정이다.

친구들이나 이웃이 더 많이 소비할 때, 우리도 덩달아 더 많이 소비한다. 이는 새롭거나 굉장한 발견이 아니다. 우리가 태초부터 인지해온 힘이다. 사람들은 이런 현상을 '이웃집 존스네 따라 하기'라고 부른다. 나는 이 표현이 줄곧 마음에 안 들었다. 실제보다 부유하게 보이려고 애쓰며 안절부절못하는 사람들의 이미지가 떠오르기 때문이다. 동료 집단의 영향은, 질투나 부러움으로부터 완전히 자유로운 세상이라 할지라도, 강력한 힘을 발휘한다.

프레이밍 효과는 불평등의 증가로 더 강력해졌다. 실질소득 수준이 1980년과 견줘 살짝 증가하는 데 그친 반면, 요즘 새로 짓는 주택들은 무려 50퍼센트나 더 커졌다. 중산층 가정에서 소득에 비해 집 크기가 빠르게 증가하는 현상은 내가 '지출 폭포 Expenditure Cascade'라고 부르는 과정을 통하지 않고는 설명하기가 힘들다.

원리는 이렇다. 최상위 소득계층에 있는 사람들은 단순히 돈이 더 많기 때문에 더 큰 집을 짓기 시작한다. 그러면 딸의 결혼식 피로연을 집에서 여는 게 관례가 될 것이고, 그러면 이제 연회를 즐길 수 있는 공간이 근사한 주거 공간을 정의하는 한 요소로 자리잡을 것이다. 이런 저택은 그들이 사교계에서 이따금 어울리는 상류층 사람들의 준거틀을 변화시킬 것이다. 그러면 재력에서 크게 뒤질 게 없는 이들 또한 더 큰 집을 짓게 될 것이다. 이 상류층 사람들이 최고급 붙박이 냉장고 서브제로를 주방에 들이고 천장을 아치 모양으로 시공하면, 중산층 가정에서 근사하다고 여기는 준거틀을 바꾸게 된다. 그리하여 중산층 사람들은 뒤처지지 않으려고 저축은 적게 하고 대출을 늘리기 시작한다. 이런 현상은 소득 상하위 계층으로 연쇄적인 영향을 미친다. 최상위 소득계층 사람들의 지출 증가는 결과적으로 그 아래에 있는 모든 계층의 사람들로 하여금 돈을 더 쓰게 만드는, 감당하기 어려운 압력을 자아낸다.

3. 공동체의 소비 규범을 못 따라가는 고통은 마음의 상처 수준을 훌쩍 넘어선다

왜 사람들은 조금 더 자제력을 발휘해서 이 무의미한 경쟁을 그만두지 못하는 걸까? 분수에 맞지 않는 큰 집을 구입하라고 의회가 명령하는 것도 아닌데 말이다. 한 가지 이유는 경쟁에서 손을 떼는 경우 진짜 고통이 뒤따르는데, 이 고통을 모면하기가 지극히 어렵기 때문이다.

이웃들이 하는 만큼 집에 돈을 들일 수 없다는 사실은 그저 작고 불편해 보이는 집에서 살아야 한다는 의미만이 아니다. 이는 여러분의 자녀들이 평균 이하의 학교에 가야 한다는 뜻일 수도 있다. '좋은' 학교란 상대적인 개념이고, 대개 더 좋은 학교는 더 비싼 동네에 자리잡기 마련이다. 최소한 평균 수준의 학교에 보내려면 중산층 사람들은 반드시 자기 지역에서 평균적인 가격대의 집을 사야 한다. 최상위 소득계층이 집에 더 많은 돈을 쓰는 현상은 중산층의 주택 가격이 급격하게 상승하는 간접적인 원인이 된다.

나는 중산층이 평균 수준의 학군에 있는 집을 임대하려면 한 달에 몇 시간이나 일해야 하는지 추적 조사하기 위해 '노역지수 toil index'(도표 7.1을 보라)라는 단순한 척도를 만들었다. 제2차 세계

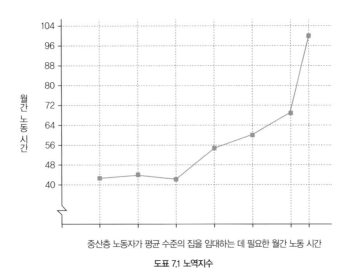

도표 7.1 노역지수

대전이 끝나고 한동안 모든 사람의 소득이 동일한 비율로 증가할 때, 이 지수는 거의 완벽하게 안정적이었다. 그런데 1970년 이후로 소득 불균형이 급격히 증가하기 시작했고, 그때부터 노역지수도 더불어 올라갔다. 지난 10년 동안 노역지수는 한 달에 100시간 정도였다. 하지만 1970년에는 42시간에 불과했다.

요즘 미국 남성의 평균 실질 시급은 1980년대보다 낮다. 오늘날 중산층 가정이 기본적인 목표들을 이루는 데 예전보다 더 많이 지출해야 한다면, 어떻게 감당해야 할까? 인구조사 자료를 살펴보면 중산층 사람들에게 가중되는 경제적 고통의 여러 증상이 분명하게 드러난다. 미국에서 가장 큰 카운티 100개 가운데 소득 불균형이 가장 급속도로 진행된 곳은 세 가지 중요한 경제적 고통의 증상인 이혼율과 장거리 출퇴근, 파산 신고가 가장 많이 증가한 곳이기도 했다.[3] 경제협력개발기구OECD에서 추적 조사한 선진국들의 경우, 소득 불균형의 악화는 (국가를 막론하고 시간이 흐를수록) 노동 시간의 증가와 관련이 있다.[4]

지출 폭포는 특별한 사건을 기념하는 축하 파티 같은 다른 영역에서도 발생한다. 이 과정을 고려하지 않고는 앞서 거론했던 결혼 비용의 급격한 상승을 설명하기가 매우 어렵다. 가장 부유한 가정에서 벌이는 수백만 달러짜리 성년의 날 파티는 훨씬 낮은 소득계층 가정의 성년식 지출을 결정하는 기준을 비슷한 방식으로 올려놓는다. 오늘날 미국의 수많은 중산층 아이들은 생일 파티에 전문 광대나 마술사가 출연하지 않으면 실망한다. 부모에게는 엄청난 부담이 아닐 수 없다.

자신의 상대적인 위치에 대한 관심은 인간의 엄연한 본성이다. 이 관심이 인간의 심리에서 대단히 큰 비중을 차지한다는 것은 생물학자들 사이에서는 주지의 사실이다. 상대적인 위치야말로 번식 성공률을 가장 훌륭히 예언해주는 월등히 좋은 지표이기 때문이다. 자신이 상대적으로 얼마나 잘하고 있는지 신경 쓰지 않는 사람들은 우리가 살아가는 이 치열한 환경에서 준비가 부족한 셈이다. 생각해보면, 자기 아이가 남보다 앞서려는 마음이 전혀 없기를 바라는 부모는 거의 없을 것이다.

물론 상대적인 위치에 대한 관심이 인간 심리의 본질적인 구성 요소라 해도 그 결과가 늘 긍정적인 것만은 아니다.

4. 모두가 충분한 지식과 이성을 갖췄어도 상대적인 위치에 대한 우려는 무분별한 소비를 낳는다

영국의 위대한 사상가 찰스 다윈은 애덤 스미스를 비롯한 경제학자들의 영향을 많이 받았다. 다윈은 자연에서 벌어지는 경쟁이 (스미스의 '보이지 않는 손'이 작동하는) 시장에서 벌어지는 경쟁처럼 개인과 집단 모두에게 이롭다고 보았다. 예를 들어 매의 뛰어난 시력은 한 개체로서의 매와 종으로서의 매 모두에게 이롭게 작용했다. 하지만 다윈은 개체로서는 이롭지만 집단으로서는 해로운 특성과 행동도 많다고 보았다. 성공이 상대적인 위치에 달려 있을 때, 경쟁이 치열한 싸움에서 대부분 그렇듯, 낭비로 얼룩진 '상대적 우위를 점하기 위한 군비 경쟁'이 자주 벌어진다.

키 120센티미터에 몸무게 60킬로그램이 넘는 엘크 수컷의 뿔을 생각해보자. 이 녀석들은 거추장스러운 부속 기관 탓에 나무가 빽빽한 지역에서 재빨리 움직이기가 몹시 불편하다. 늑대에게 둘러싸여 잡아먹힐 위험성이 크게 높아진다는 뜻이다. 그렇다면 작은 뿔을 선호하는 자연선택이 이뤄지지 않은 까닭은 무엇일까? 다윈은 엘크가 일처다부의 속성을 지닌 종이라서 뿔이 크게 진화했다고 설명한다. 그런데 암컷 여러 마리를 거느리는 수컷이 있으면 암컷을 한 마리도 거느리지 못하는 수컷이 있을 것이다. 암컷을 차지하기 위한 수컷들의 싸움이 그토록 격렬한 이유가 여기에 있다. 한마디로, 더 큰 뿔을 만드는 돌연변이가 빠르게 퍼진 것이다. 그래야 경쟁에서 훨씬 더 유리한 위치를 점할 수 있기 때

수사슴의 거대한 뿔. 한 개체로서는 좋지만 종으로서는 안 좋다. 사진: 듀크 쿤래드

문이다. 작은 뿔을 가진 수컷은 늑대 같은 포식자의 공격으로부터 안전할 수 있을지 몰라도 자기 유전자를 다음 세대에 전할 기회를 얻기는 어려울 것이다.

만약 엘크 수컷의 뿔이 지금보다 절반 크기로 작았더라면, 종으로서의 엘크는 훨씬 더 번성했을 것이다. 수컷 간의 승패는 이전과 같은 방식으로 결정되면서도, 포식자에게 공격당할 확률은 낮아질 테니 말이다. 이처럼 집단 내에서 높은 지위를 차지하기 위한 '뿔 크기' 경쟁의 비효율성은 군비 확장 경쟁의 비효율성과 상당히 유사하다.

상당히 중요한 내용이지만 명확하게 이해하는 사람은 많지 않다. 나는 2011년에 출간한 책에서 군비 확장 경쟁과 엘크 수컷의 뿔을 키운 진화의 힘이 비슷하다고 설명한 바 있다.[5] 책이 나오고 얼마 안 있어 과학 저술가 존 윗필드의 서평이 「뿔을 가진 자유주의자들: 로버트 프랭크의 『다윈 경제학』이 진화에 대해 오해하고 있는 것」이라는 불길한 제목으로 슬레이트라는 온라인 매거진에 실렸다.6 커다란 뿔이 실제로 해롭다면 자연선택으로 뿔이 큰 수컷들이 도태되어 이 문제가 진작에 해결되었을 것이라는 비판이었다. 무엇보다 이 지적은 군비 확장 경쟁이 왜 낭비적인지 설명하는 논리를 무시하고 있다.

군사 무기를 비축하는 경쟁을 무작정 이어갈 수는 없다. 국민의 소득 전부를 무기에 쏟아부었다가는 모조리 굶어 죽을 것이다. 마찬가지로, 상대적으로 더 큰 뿔을 갖기 위한 경쟁 역시 한계가 있을 수밖에 없다. 뿔이 12미터가 넘고 무게가 180킬로그램 가까이 나가는 엘크 수컷은 존재할 수 없다. 그런 동물은 짝을 찾기 위한 경쟁은커녕 풀을 뜯다가 고개를 들어올리기도 힘들 것이다. 하지만 군비 확장 경쟁에 고유의 한계가 있다고 해서 폭탄을 비축하는 게 낭비가 아니라거나 120센티미터가 넘는 뿔이 종으로서의 엘크 수컷에게 매력적인 선택이라고 말할 수는 없다. 어떻게든 뿔의 크기를 절반 수준으로 줄이는 데 합의할 수 있다면, 엘크 수컷들은 분명히 더 번성할 것이다.7

이 간단한 논리는, 엘크의 뿔 크기뿐 아니라 그 가치가 맥락에 대단히 민감한 것들에 대한 사람들의 지출 규모에도 적용할 수 있다. 주택이나 성년식 파티 등 많은 상품에 대한 추가 지출은 일정한 수준을 넘어서면 순전히 상대적 위치와 관련된 비용이 되고 만다. 다시 말해서, 적당한지 여부를 규정하는 기준을 높이는 데 불과하다. 오늘날 경제에서 전체 소비의 상당 부분이 오로지 이런 위치와 관련된 것이다. 따라서 군비 확장 경쟁처럼 많은 낭비를 초래한다.

이처럼 상대적인 위치에 대한 관심이 매년 수조 달러의 비생산적인 소비를 낳고 있지만, 그래도 우리는 운이 좋다.

5. 희소식: 세금 체계의 간단한 변화로 낭비적 소비 패턴을 제거할 수 있다

엘크 수컷에게는 뿔 크기라는 특유의 군비 경쟁에 대해서 그 어떤 조치를 취할 만한 인지적 능력 또는 의사소통 역량이 부족하다. 하지만 인간은 남보다 앞서기 위한 군비 경쟁을 스스로 제한하는 합의를 도출할 수 있다. 우리는 개인으로서 자신의 소비가 다른 사람들에게 어떤 영향을 미치는지 고려할 만한 동기가 없기 때문에 집이나 파티에 너무나 많은 돈을 지출한다. 그러나 세금 체계가 바뀌면 우리의 생각이 달라질 것이다. 간단하고도 거슬리지 않는 방법이 있다. 현재의 누진소득세를 폐기하고 훨씬 더 가파른 누진소비세를 선택하면 된다.

원리는 이렇다. 사람들이 지금처럼 소득액을 신고한다. 그리고 연간 저축액도 신고한다. 요즘 많은 사람이 이용 중인 면세 퇴직 계좌가 여기에 해당된다. 연간 소득에서 연간 저축을 빼면 연간 소비다. 여기서 기초공제를 빼면 과세 대상 소비다. 예컨대 과세 연도에 10만 달러를 벌고 2만 달러를 저축한 가정은 연간 소비가 8만 달러다. 기초공제가 3만 달러일 경우, 이 가정의 과세 대상 소비는 5만 달러나.

세율은 낮게 시작해서 과세 대상 소비가 증가함에 따라 꾸준히 올라간다. 현재의 소득세 체계라면 저축과 투자를 아예 중단시키지 않고서는 세율이 너무 높이 올라갈 수 없다. 그러나 소비에 대한 한계세율이 올라가면 저축과 투자가 촉진될 것이다.

부자들은 세금이 올라가면 자신이 원하는 것을 얻기 어려워진다고 생각한다. 하지만, 앞서 논의한 대로, 모든 사람이 적게 소비하는 상황과 한 개인만 적게 소비하는 상황은 전혀 다르다. 누진소비세가 적용되는 사회에서는 가장 부유한 운전자가 33만3000달러짜리 페라리 F12 베를리네타보다는 그 반값도 안 되는 15만 달러짜리 포르셰 911 터보를 살 것이다. 하지만 모두가 소비를 줄이게 된 이 사회에서 포르셰 주인은 현행 세금 체계 아래의 페라리 주인만큼이나 자기 자동차에 만족할 것이다.

이 주장에는 또 다른 중요한 차원이 있다. 누진소비세는 더 나은 기간시설을 위해 투자할 추가적인 세수를 창출할 수 있다. 현재의 세금 체계 아래서는 부자들이 페라리를 타고 노면이 엉망인 도로를 달려야 한다. 페라리를 타고 구멍이 푹푹 팬 도로를 달리는 것보다 포르셰를 타고 잘 정비된 도로를 달리는 것이 훨씬 더 만족스럽다.

내 기본적인 주장은, 이처럼 상대적으로 간단한 정책 변화를 통해서, 어느 누구에게도 고통스러운 희생을 요구할 필요 없이, 학교나 병원 같은 공공시설과 기간시설을 재건하는 데 연간 수조 달러를 쓸 수 있다는 것이다. 이러한 사회기반시설이야말로 개인의 재능과 노력을 성공으로 확실히 이끌어주는 요소라고 할 수 있다. 다시 말하면, 태어난 것 자체가 행운인 나라를 만들자는 것이다. 많은 사람이 비현실적이라고 생각할 것이다. 하지만 이 주장을 뒷받침하는 논거는 흔들림이 없고, 이 주장이 깔고 있는 전제 역시 논란의 여지가 전혀 없다.

소득 대부분은 최고 소득계층 사람들에게 돌아가므로 이들은 더 큰 집을 지을 수 있게 된다. 일정한 수준을 넘어서면 저택 크기가 늘어난다 해도 부자들을 더 행복하게 만들지 않는다는 사실이 여러 근거에 의해 입증되었다. 하지만 최고 소득계층의 더 큰 집은 그 바로 아래 소득계층의 수요를 결정하는 준거틀을 변화시키고, 이는 또다시 아래 계층으로 영향을 미친다. 결국 중산층 가정은 경제적 곤경에 빠지고 생계비를 충당하기가 더욱 어려운 상황에 빠질 뿐 아니라 정부는 정부대로 세입을 늘리기가 더 어려워진다. 그 결과, 기간시설과 공공 서비스의 질은 떨어진다.

모든 것을 고려할 때, 요즘 부자들은 예전에 비해 소득 수준이 올라갔을지언정 형편은 더 궁색해진 것으로 보인다. 부자들은 집과 자동차에 더 많이 지출함으로써 자신이 속한 계층 내에서 적절하다고 생각하는 기준을 높여놓았을 뿐이며, 공공재의 질적 하락을 초래해서 심각한 악영향을 미쳤다. 그러나 우리는 프레이밍 효과에 기인한 낭비적 소비 패턴을 간단한 세법 개정으로 바꿀 수 있다. 운이 좋은 것이다.

요즘 부자들은 엄청난 부자여서 누진소비세쯤은 가볍게 무시하고 소비 여부를 결정할 거라고 생각하는 사람이 많다. 하지만 가장 부유한 사람들이 더 높은 가격에 어떻게 반응하는지 살펴보면 생각이 달라질 것이다. 건물의 제곱미터당 가격이 세계 최고 수준인 뉴욕에서는 억만장자조차 720제곱미터가 넘는 아파트에서 사는 경우가 드물다. 아파트 건물을 통째로 사고도 남을 정도로 어마어마한 돈을 남기고 죽을 사람들인데도 말이다. 하지만 그들은 720제곱미터가 넘는 집을 선택하지 않는다. 하이퍼리치가 비교적 검소한 집에서 산다고 해도 뉴욕의 높은 집값 덕분에 사회적으로 용납되는 것이다. 하지만 그 억만장자가 댈러스 같은 곳에서 산다면, 1800제곱미터가 훌쩍 넘는 저택쯤은 눈도 깜빡하지 않고 사버릴 것이다.

따라서 우리는 누진소비세가 많은 부자로 하여금 200만 달러가 들어가는 저택 증축 계획을 재고하게 만들 것이라고 기대할 수 있다. 이런 계획의 세후 가격은 예전보다 훨씬 높을 것이므로, 부자들은 지출 규모를 줄이고 싶을 것이다. 건축가에게 100만 달러로 증축하면 어떤 모양이 나오는지 보여달라고 할지도 모른다.

부자들이 규모를 줄여서 증축을 마친다면, 처음 계획대로 증축했을 때보다 상대적으로 불만족스러울 수도 있다. 그러나, 우리가 앞서 살핀 대로, 모든 사람이 적게 소비하는 상황은 어느 한 개인만 적게 소비하는 상황과는 완전히 다르다. 따라서 모두 함께 소비를 줄이면, 100만 달러짜리 증축도 200만 달러짜리 증축 못지않게 만족스러울 것이다. 이보다 더 중요한 사실은 누진소비세가 더 나은 공공재와 공공 서비스에 투자할 세입을 추가로 창출할 수 있다는 점이다.

누진소비세는 특유의 재정적 마력을 지니고 있다. 매우 비생산적인 지출 폭포를 억누름으로써 뜻밖의 세입을 효과적으로 창출할 것이다.

누진소비세로 인해 열심히 일하고 미래에 투자하려는 동기가 약해질 거라고 우려하는 사람들도 있다. 하지만 결국 삶에서 중요한 것은 상대적 위치라는 다윈의 통찰을 깊이 음미한다면, 그렇지 않다고 깨닫게 될 것이다. 그 어떤 규제나 세금 정책의 변화도 앞으로 나아가고자 하는 인간의 욕망을 누그러뜨릴 수는 없다. 하지만 성공이란 거의 전적으로 상대적인 개념으로, 경쟁자보다 더 낫다는 의미다. 누진소비세는 더 많이 버는 사람이 더 많이 쓴다는 사실 자체를 바꾸지 않을 것이다.

물질적인 소유를 통해 특별한 즐거움을 얻는 사람들이라면 누진소비세를 인생의 고통으로 여길 것이라고 걱정하는 이들도 있다. 하지만 누진소비세 탓에 멋들어진 상품의 공급이 줄어들지는 않을 것이다. 뉴욕 센트럴파크가 한눈에 들어오는 펜트하우스가 별로 많지 않고, 누진소비세 때문에 펜트하우스 구매를 위한 입찰금은 줄어들겠지만, 최종 입찰자가 바뀌지는 않을 것이다.

반면 누진소비세는 국민소득에서 소비를 줄이고 투자를 늘린다. 더 많은 투자로 성장을 촉진하면 결국 미래의 국민소득이 증가할 것이다. 이 말은 미래의 소비 수준이, 국민소득 대비로는 더 낮겠지만, 절대적 관점에서 지금보다 더 높아진다는 뜻이다. 따라서 상대적 소비보다 절대적 소비가 만족을 준다고 믿는 사람들이라 해도 누진소비세를 두려워할 이유는 없다.

공공 정책을 설계할 때 고려할 필요가 없는 시기나 질투 같은 천박한 감정을 정당화한다는 이유로 누진소비세를 반대하는 사람들이 있다. 한 예로, 자유주의 경제학자 도널드 부드로는 이렇게 주장했다.

나는 사람들이 사회에서 자신의 상대적 위치에 대해 관심이 있다는 사실에 동의한다. 하지만 이런 관심이 반드시 정부 정책 안에서 구체화되어야 한다고 믿지는 않는다. (아울러 사람들이 선천적으로 외국인에 대한 편견, 즉 외모와 언어와 관습이 무척 생소한 누군가에 대해 편견이 있다는 지적에도 동의한다. 하지만 이처럼 자연적, 종족적 충동을 정부 정책 차원으로 격상시키고 싶지는 않다.)

부드로를 비롯한 여러 사람이 사회적 위치에 대한 관심에 기반한 정책은 가학적 변태성욕자를 편드는 것이나 마찬가지라는 이유로 반대한다.

우리는 아이들에게 다른 사람의 행운을 부러워하지 말라고 가르치는 나름의 논리적인 이유가 있다. 하지만 상대적 위치에 대한 관심은 남을 부러워하는 마음보다 삶의 많은 보상이 상대적 위치에 달려 있다는 간단한 사실에 더 큰 원인이 있다. 멀리 내다볼 수 있는 훌륭한 전망을 갖춘 주택 부지는 많지 않고, 우리는 남보다 돈을 얼마나 더 버느냐를 통해서 누가 그곳을 차지할지 가장 정확히 예측할 수 있다.

아마 훨씬 더 중요한 측면은, 소비 욕구를 발동시키는 일상적 판단의 마르지 않는 원천이 맥락이라는 점일 것이다. 맥락의 중요성을 인식하지 못하는 사람이 무척 많다. 이 사실을 처음 깨달은 때는 몇 년 전 동료 교수들과 함께한 저녁 식사 시간이었다. 당시 저녁 강연을 앞두고 있던 나는 동료 교수 두 명과 함께 식당 밖에서 또 다른 교수를 기다리고 있었다. 그는 새로 출시된 렉서스 세단을 주차하고 있었다. 렉서스 주인이 식당 테이블에 앉자마자 나를 향해서 꺼낸 첫마디가 자신은 이웃이나 동료들이 어떤 차를 타는지 알지도 못하고 신경도 안 쓴다는 것이었다. 지난 몇 년간 이 신사분과 수많은 대화를 나누어온 나로서는 그 말이 전적으로 사실임을 알고 있었다.

나는 제조사도 같고 값은 훨씬 더 싸며 신뢰도 역시 비슷한 도요타 세단 대신에 렉서스를 선택한 이유가 무엇이냐고 물었다. 그는 품질에 끌렸다고 대답했다. 인테리어 마감재나 감촉, 문짝이 닫히는 소리 따위가 더 고급스러워서 마음에 들었다는 것이다. 그는 렉서스 엔진이 너무 조용하고 진동이 없어서 매뉴얼에 시동이 걸려 있는 상태에서 시동을 또 걸지 말라는 경고가 붉은 글씨로 적혀 있다고 아주 자랑스럽게 이야기했다.

또 예전에 몰았던 승용차는 이런 매력이 하나도 없었다고 했다. 나는 그에게 타임머신을 타고 1935년으로 돌아간다면 그 시대 사람들은 그 차에 대해서 어떤 반응을 내놓을 것 같으냐고 물었다. 그러자 누구나 놀라 자빠졌을 것이라며 조금도 망설이지 않고 답했다. 가속력이나 핸들링이 환상적이라며 혀를 내둘렀을 것이고, 인테리어 재질에 두 눈이 휘둥그레졌을 것이며, 엔진은 불가사의할 정도로 조용하다고 느꼈을 것이라면서.

이어서 우리는 자동차 품질에 관한 수요의 수학적 모형은 어떻게 해야 하는지에 대해 토론했다. 합리적인 모형이라면 특정한 자동차와 동일한 지역적 환경에 있는 다른 자동차들의 특성을 비교한 결과도 포함하고 있어야 한다는 데 모두가 동의했다. 이 비교에서 좋은 점수를 얻은 자동차는 품질이 좋다고 간주될 것이고, 그런 이유로 소비자들은 더 많은 돈을 기꺼이 지불할 터였다. 나는 이 모형이 본질적으로 욕망에 근거한 것이라고 지적했다. 나름의 목적에 부합하는 적정한 품질을 누리기 위해서가 아니라, 친구나 이웃보다 더 좋은 차 또는 뒤처지지 않는 차를 갖고 싶은 욕망이 투영된 모형이라는 뜻이다.

하지만 품질이 좋은 차와 남보다 좋은 차에서 받는 주관적 인상은 완전히 다르다. 품질 자체를 따지는 것은 분별 있는 소비자의 현명한 행동인 반면, 그저 친구나 이웃보다 더 좋은 차를 사는 것은 멍청한 짓에 불과하다.

대화가 끝나갈 무렵에는 테이블에 둘러앉은 모두가 맥락적 관심이 야기한 여러 종류의 행동에 관한 대화에 문득 큰 흥미를 느끼는 눈치였다. 동료들은 시대나 상황에 따라 품질에 대한 인식이 어떻게 다른지, 그로 인해 어떤 행동들이 나타날지 이야기하면서 무척 즐거워했다. 그러나 다른 사람을 앞서고 싶은 욕망이나 부러움이 초래한 갖가지 행동에 대해서는 전혀 그렇지 않았다.

요컨대 우리는 시기나 질투 같은 감정을 배제한 상태에서 누진소비세를 기꺼이 받아들일 수 있다. 누진소비세는 순전히 실용적인 측면에서 매력적인 세금이다.

우리가 현재 상태로 계속 나아간다면 소득 불균형은 계속 커질 테고, 결국은 우리가 지금까지 목격해온 모든 것을 왜소하게 만들 정도로 엄청난 지출 폭포를 경험하게 될 것이다. 집은 규모가 계속해서 커질 것이고 결혼 비용도 나날이 증가할 것이다. 각 가정은 좀더 필요한 곳에 쓸 돈을 낭비 목적으로 써야 하는 압력을 받게 될 것이다.

나는 누진소비세의 탁월한 매력에 대해 지난 수십 년 동안 글을 써왔다. 하지만 누진소비세가 선택받을 기미는 전혀 보이지 않는다. 사실 지난해에도 누진소비세는 정책으로 채택되는 것은 고사하고 의회에서 거론될 기회조차 없었다. 그러나 의회가 오늘 당장 누진소비세 법안을 통과시켜서 사람들을 깜짝 놀라게 할지라도, 곧바로 실행하지 않는 편이 나을 것이다.

대침체의 여파가 계속되면서 일자리를 원하는 모든 사람을 고용하는 데 필요한 만큼 총지출이 못 미치고 있기 때문이다. 이상적인 세상이라면 우리는 그동안 미뤄왔던 기간시설 재건 계획을 적극 실시하면서 일자리 부족 문제를 해결하려고 노력했을 것이다. 그런데 총지출이 부족한 상황이라면 차라리 낭비적인 소비라도 부추기는 편이 아무것도 안 하는 것보다는 낫다. 생각해보라. 단지 누진소비세를 곧 시행할 거라고 발표만 해도 수천억 달러의 개인 소비가 추가로 발생할 것이다. 더 거대한 저택을 짓는 행위가 부자를 더 행복하게 만들진 못할지라도, 일자리가 없던 건축가나 목수에게 기회를 제공할 수 있다.

경제가 완전고용을 이룰 정도로 회복되었을 때, 누진소비세를 단계적으로 도입한다면, 국가적 지출 구조가 점진적으로 변할 것이다. 사치품에 대한 소비 비율은 천천히 감소하는 반면, 투자를 위한 지출 비율은 서서히 증가할 것이다. 누진소비세를 이런 식으로 적용할 경우, 일자리 수가 줄어드는 일은 없을 것이고, 전체 일자리의 구성만 바뀔 것이다.

누진소비세가 그렇게 좋은 아이디어라면 그동안 왜 채택하지 않았을까? 한 가지 이유는 90퍼센트가 넘는 미국인이 현재 퇴직연금에서 허용하는 과세유예저축의 상한선에 못 미치고 있기 때문이다. 이런 가정에서는 현재의 소비 동기가 누진소비세를 시행하는 상황과 본질적으로 같다. 하지만 최고 소득 가정은 상한선을 훌쩍 넘겨서 저축한다. 그리고 이런 가정의 소비 패턴에서 지출 폭포가 시작되기 때문에, 우리의 현재 시스템은 이들을 자제 시키려는 목적으로 아무것도 하지 않는다. 그렇다면 이런 질문이 남는다. 우리가 본격적인 누진소비세를 진작 채택하지 않은 이유는 무엇일까?

나는 이 질문에 대해 많은 사람과 이야기를 나누었다. 코넬대학은 전국 곳곳에 있는 동문회에서 강연할 기회를 이따금 준다. 나는 그때마다 누진소득세의 폐기와 누진소비세의 채택이 거의 모든 사람에게 더 좋은 결과를 선사하는 까닭에 대해서 설명했다. 상당수가 미국공영라디오NPR 청취자인 동문 청중의 반응은 한결같았다. 좋은 생각인 것 같지만 보수주의자들이 설득당해서 찬성 쪽으로 바뀔 가능성은 기본적으로 전혀 없다는 것이다.

그러나 이는 과도하게 비관적인 생각이다. 한 예로, 나는 가끔 사방이 진보주의자로 에워싸인 지역에서 공화당을 지지하는 동문들을 대상으로 강연하는데, 청중 가운데 가장 확고한 보수주의자도 일단 설명을 듣고 나면 누진소비세 주장을 기꺼이 받아들인다. (물론 30초 안팎의 짧은 코멘트가 소통의 지배적 형태인 정치판보다 동문회 강연에서 사람들을 설득하는 게 훨씬 더 쉬울 것이다.)

나는 1997년에 누진소비세를 다룬 논문[8]을 발표했다. 그리고 일주일이 지나서 두툼한 서류 봉투 하나를 받았는데, 보내는 사람 주소란에 밀턴 프리드먼이라고 적혀 있었다. 작은 정부를 지향하는 보수주의의 수호신 밀턴 프리드먼 말이다. 굳건한 자유주의자인 프리드먼은 내 논문을 재미있게 잘 읽었다는 문장으로 시작했지만 정부가 더 많은 돈을 거두고 더 많은 돈을 지출해야 한다는 내 견해에는 동의하기 어렵다는 게 편지의 골자였다. 그는 클린턴 대통령의 두 번째 집권기 동안 정부 예산이 이미 과잉으로 치닫는 상황에서 세입을 더 늘리자는 말이냐며 의문을 제기했다. 그러나 만약 정부가 정말로 추가 세입을 필요로 한다면 누진소비세야말로 가장 효과적인 세입 창출원일 것이라고 덧붙였다. 봉투가 두툼한 이유는 프리드먼이 1943년 『아메리칸 이코노믹 리뷰』에 발표한 자기 논문의 사본을 동봉했기 때문이다. 그는 이 논문에서 당시 제2차 세계대전을 성공으로 이끌기 위해 재원을 모으는 최선의 방법은 누진소비세라고 주장했다.[9]

누진소비세가 초당파적 지지를 이끌어낼 수 있다는 또 다른 근거로 1995년 피트 도메니치(공화당, 뉴멕시코주)와 샘 넌(민주당, 조지아주) 두 상원의원이 제안한 이른바 무제한저축공제세 Unlimited Savings Allowance Tax를 꼽을 수 있다.[10] 이 USA세는 내가 제안하는 세금과 본질적으로 동일하다. 이 세제안은 예산 싸움이 벌어진 탓에 표결에 부쳐지지 못했지만, 그렇다고 해서 급진적인 발상으로 간주되지도 않았다.

오늘날 새로운 세금은 그 종류를 불문하고 강력한 반발에 직면하지만, 워싱턴 DC의 보수주의 싱크탱크인 미국기업연구소 American Enterprise Institute의 선임 연구원 두 명은 2012년에 출간한 책에서 누진소비세의 장점을 격찬했다.[11] 공저자인 경제학자 앨런 비아드와 로버트 캐럴은 누진소비세가 지출 폭포를 줄일 수 있다는 점에 대해서는 언급하지 않았다. 두 사람이 누진소비세를 좋아한 이유는 절실하게 필요한 저축과 투자를 촉발할 수 있다고 강하게 확신했기 때문이다. 하지만 누진소비세는 이들이 생각한 것보다 훨씬 좋은 정책 수단이다.

요컨대 누진소비세가 정치적 합의의 대상이 될 수 없다고 여기는 것은 섣부른 판단이다.

재정적 위기가 극심하지 않을 때에는 의회가 누진소비세를 심각하게 고려하지 않을 수 있다. 하지만 수천만 명에 이르는 베이비붐 세대의 은퇴가 서서히 현실로 다가오고 있으며, 이로 인한 위기는 시간문제일 뿐이다. 따라서 우리는 머지않은 미래에 추가 세입의 필요성을 인정하지 않을 수 없을 것이다. 그리고 그제야 누진소비세는 검토되기 시작할 것이다.

만약 누진소비세가 시행에 들어가 수년 동안 그 효과를 경험한다면, 사람들은 여태까지 우리 소비 패턴이 엄청난 낭비를 낳고 있었다는 사실 덕분에 우리가 얼마나 행운아인지 감사하게 될 것이다. 우리는 그 어떤 고통스러운 희생도 야기하지 않으면서 오랜 시간 지체된, 모두에게 엄청난 이익을 가져다주는 다양한 투자에 나설 수 있을 것이다.

질호의 기회가 아닐 수 없다. 우리가 붙잡기만 한다면.

8장

감사하기

환상문학의 거장으로 손꼽히는 이탈로 칼비노는 1983년에 출간한 소설 『팔로마르』에서 지중해 해변을 한가로이 거닐던 주인공의 심경 변화를 이렇게 묘사했다. 팔로마르가 윗옷을 입지 않고 가슴을 훤히 드러낸 채 일광욕을 즐기던 여성 쪽으로 걸어간다. 그는 여성의 프라이버시를 존중하려는 마음에서 시선을 재빨리 바다 쪽으로 돌린다. 하지만 그 여성을 지나치고 나니 이런 생각이 든다. 눈길을 돌린 자신의 행동이, 가슴을 드러낸 모습은 무언가 부도덕하다는 통념을, 자신이 혐오하는 그 통념을 부심코 지지한 것은 아닐까.

　그래서 돌아오는 길에 태도를 바꾸기로 마음먹는다. 그 여성을 두 번째로 지나치게 되자, 그는 완전히 무관심한 태도를 보이겠다는 각오로 시선을 정면에 고정한다. 그 눈길은 갈매기의 시선 그 이상도 이하도 아니었다. 하지만 잠시 뒤에는 이 선택 또한 잘 못되었다는 생각이 든다. 이제는 그 여성의 가슴을 한낱 사물로 격하시킨 것은 아닐까 걱정스럽다.

그래서 팔로마르는 발걸음을 돌려 그 여성을 향해 다시 걷는 다. 이번에는 아무렇지 않은 물건으로 여긴다는 태도가 전해지 기를 바라며. 그런데 그 앞을 지나치자, 이번에는 혹시 자기 시선 을 거만함의 표현으로 오해할지 모르겠다는 걱정이 든다. 팔로마 르는 여성이 자기 의도를 제대로 이해하면 좋겠다는 생각에 또다 시 몸을 돌려서 그쪽으로 걷는다. "이제 그의 시선은, 그 풍경에 변덕스러운 눈길을 슬쩍 보내면서, 특별한 배려를 머금고 한동안 그 가슴에 머무를 것이다. 하지만 그 모든 것에 대해서 호의와 고 마움을 표하고 싶은 충동을 자기 시선에 재빨리 담을 것이다. 태 양과 하늘에 대해서, 구부러진 소나무와 모래언덕과 해변과 바위 와 구름과 해초에 대해서, 그 신성한 돌출점들 주위를 회전하는 우주에 대해서."[1]

그런데 이번에는 여성이 불쾌한 얼굴로 상체를 가리고 벌떡 일 어서더니 씩씩거리며 자리를 떠났다. 팔로마르는 안타까운 마음 에 "편협하고 케케묵은 인습의 무게에 짓눌려 고도로 계몽된 의 도를 제대로 이해하지 못한다"고 결론짓는다.[2]

다른 사람이 어떻게 생각할지 걱정하는 사람이 어디 팔로마르 선생뿐이겠는가. 주위 사람들의 사랑과 존경을 받는 사람은 그것만으로 더 행복할 뿐 아니라 성공할 가능성 역시 더 높다. 엄청난 성공을 거둔 사람들의 이야기를 들어보면, 팀의 노력이 얼마나 중요한지 알려주는 내용이 대부분이다. 재능이 뛰어난 동료와 팀을 이루어 일하는 혜택을 마다할 사람은 아무도 없을 것이다. 하지만 재능도 뛰어나고 팀워크도 좋은 사람은 드물기 때문에, 이들은 아주 까다롭게 팀 동료를 선택할 수 있는 위치에 있다. 매력적인 팀 동료가 있다는 사실은 곧 엄청난 경제적 이익으로 볼 수 있지만, 그 자리는 스스로 쟁취해야 하는 것이기도 하다. 여러분이 누구나 싫어하는 사람이라면 그런 여러분을 원하는 팀은 거의 없을 것이다.

뛰어난 재능과 열심히 일하겠다는 마음가짐이야말로 팀원으로서 지녀야 하는 긍정적 특성이다. 이는 엘리트 팀의 구성원 대부분이 보유한 특성이기도 하다. 그러나 이것만으로는 충분하지 않다. 성공적인 팀워크란 또한 자신의 동료를 신뢰하는 능력과 보는 사람이 아무도 없을 때도 동료가 자기 이익보다 팀의 이익을 우선시할 것이라고 믿는 능력을 전제로 한다. 따라서 엘리트 팀의 구성원으로 뽑히기 위해서는 인성 평가에서 좋은 점수를 받는 것도 매우 중요하다.

그런데 많은 경제학자가 좋아하는 인간 행동 모형을 생각하면 인성 평가는 그다지 설득력이 없다. 이런 모형에서는 인간을 이성적인 동시에 이기적인 존재로 여긴다. 호모 에코노미쿠스는 충분한 이익이 발생하고 발각될 확률이 상당히 낮을 때만 부정행위를 저지른다고 설명하는 식이다. 따라서 어떤 사람이 부정행위를 저지른다는 평판이 없다는 사실은 신중한 사람이라는 의미에 불과하지, 아무도 안 볼 때도 부정행위를 저지르지 않는다는 의미는 아니다.

그렇다면 이기심은 인간의 중요한 동기임이 확실하다. 아마 가장 중요한 동기일지도 모른다. 속도위반 벌금이 오르면 운전자는 더 천천히 운전한다. 연료비가 오르면 사람들은 히터 온도를 낮게 설정하고 연비가 좋은 차를 산다. 하지만 이기심만이 유일하게 중요한 동기일 수는 없다. 이를테면 사람들은 다시 방문할 일이 없는 식당에서 저녁을 먹었을 때조차 남들 내는 만큼 팁을 낸다.[3] 이따금 자선단체에 익명으로 기부도 하고, 지갑을 주워서 현찰이 고스란히 들어 있는 채로 주인에게 돌려주기도 한다.[4]

팀원 후보자가 아무도 지켜보지 않을 때 팀보다 자기 이익을 우선시할 것인지 예측할 수 있다면 유능한 팀을 꾸리고자 하는 사람에게 참으로 유용한 정보가 될 것이다. 그런 예측이 가능할까? 아래의 간단한 사고실험을 살펴보자.

여러분이 인파로 넘쳐났던 콘서트에 갔다가 이제 막 집에 돌아와서 보니 현금 1만 달러가 없어진 것을 알게 되었다고 치자. 그 돈은 여러분의 이름과 주소가 적힌 봉투에 들어 있었는데, 콘서트를 신나게 즐기는 동안 코트 주머니에서 떨어진 것이 분명하다. 가족이나 배우자를 제외하고 여러분이 아는 사람 중 그 돈을 발견할 경우 여러분에게 돌려주리라고 확신하는 사람이 있는가?

누가 그 봉투를 발견하든 간에 그 사람은 '절호의 기회'를 잡은 셈이다.[5] 사실상 발각되거나 처벌받을 가능성 없이 돈을 챙길 수 있기 때문이다. 하지만 거의 모든 사람이 자기 돈을 돌려줄 사람들의 이름을 확실히 댈 수 있다고 주장한다. 그들이 언급한 사람 대부분은 친한 친구들이었다. 같은 상황에서 자기 친구들이 어떻게 행동하는지 지켜볼 기회가 있었던 확률은 매우 낮다. 그렇다면 이들이 자신의 예측을 강하게 확신하는 이유는 무엇일까? 이 질문을 받은 사람 대부분은 그런 돈을 챙긴다는 생각만으로도 끔찍하게 여길 친구들이 분명하다고, 그 정도로 그 친구들을 잘 안다고 설명한다.

이런 판단의 이면에 존재하는 직관력은 우리에게 유용한 정보를 제공한다. 근거가 있는 이야기다. 나는 동료인 톰 길로비치, 데니스 리건과 함께 재미있는 실험을 진행했다. 실험 참가자들은 들통 날 가능성 없이 상대방을 속일 수 있는 게임에 참여했다.[6] 이 실험에서 서로 처음 만난 참가자들은 먼저 세 명이 한 조를 이루어 30분 동안 이야기를 나누었다. 그리고 나서 각자 독립된 방으로 가서 질문지 두 장을 작성하라는 지시를 받았는데, 한 장은 같은 조에 포함된 다른 참가자 두 명에 대해서 묻는 것이었다. 참가자들은 약간의 금전적 위험이 있는 간단한 게임에서 자신이 부정행위를 저지를 것인지, 그리고 다른 조원들이 부정행위를 저지를 것으로 생각하는지 묻는 질문에 답했다. 참가자가 게임에서 실제로 부정행위를 저지른 확률은 25퍼센트에 못 미쳤다. 하지만 어떤 조원이 부정행위를 저지를 것이라고 예상했을 때, 그 예상은 60퍼센트에 가까운 확률로 맞아떨어졌다.

모두가 인성 평가에 능숙해서 변별력이 발생할 여지가 없는 경우, 매력적인 팀원으로 인식될 수 있는 최고의 방법은 실제로 그런 사람이 되는 것이다. 심리학자들은 인간이 습관의 동물이고 의도적인 반복을 통해서 성격상의 특징을 발전시킬 수 있다고 오래전부터 이해해왔다. 여러분의 목표가 매력적인 팀원이 되는 것이라면 성격에 있어서 어떤 측면을 발전시키고 싶은가? 이것은 중요한 질문이다. 내가 MBA 과정 학생들에게 늘 이야기하듯, 훗날 여러분의 진급 여부를 결정하게 될 관리자는, 혹시 질문을 받는다면, 여러분이 1만 달러가 들어 있는 봉투를 주워서 주인에게 돌려줄 사람인지에 대해 자기만의 생각을 갖고 있을 것이다.

나는 학생들에게 누누이 이야기한다. 자신이 행운을 바라보는 방식은 결국 남이 자신을 바라보는 방식에 영향을 미친다는 사실에 대해 생각해보라고 말이다. 우연한 사건들은 언제, 누가 봐도 이채로운 것이어서, 성공이 전적으로 자기 덕이라고 주장한다면 실제 자기 몫에 비해 더 많은 공을 주장하는 것이 거의 확실하므로, 이런 행동이 다른 사람에게 더 매력적으로 보일 리는 없다. 애덤 스미스가 말하듯, "자신을 과대평가하지 않고 있는 그대로 평가하는 사람은 스스로 합당하다고 생각하는 평가를 남들로부터 받지 못하는 경우가 드물다. 그런 사람은 주어진 것 이상으로 바라지 않으며 그 안에서 온전한 만족을 느낀다."[7]

아울러 나는 학생들에게 대부분의 문화, 특히 서양 문화에서 야망은 칭송받는 성격상의 특성이고 성공적인 팀의 구성원들은 대개 이 특성을 풍부하게 지닌다고 상기시킨다. 그러나 야망이 정도를 넘어서면 오히려 불리하게 작용할 수 있다는 것도 대부분의 문화에서 통하는 관점이다. 앞서가려는 욕구가 지나치게 강한 사람은 자신의 편협한 이익을 팀의 이익보다 우선시할 가능성이 있다. 어떤 사람이 '야심이 지나치다'는 생각은 시기나 질투의 결과일 수 있지만, 이례적으로 야심찬 사람은 그런 감정을 느끼지 않는 팀원들과도 마찰을 빚을 수 있다.

한 예로, 애플의 수석 부사장이었던 스콧 포스톨이 바로 이런 이유로 해고되었다고 많은 사람은 생각한다. 애플은 아이폰과 아이패드의 급격한 매출 증가로 역사상 가장 돈을 잘 버는 기업으로 등극했고, 포스톨은 바로 이 제품들을 작동시키는 iOS 운영체제의 개발 책임자였다. 그는 애플의 공동 창립자인 스티브 잡스의 오랜 제자였고, 비상한 공학적 재능으로 명성을 떨치고 있었으며, 미래의 애플 CEO라는 소리도 종종 들었다. 하지만 포스톨이 애플에서 전성기를 구가하던 시절, 그에 대한 언론 기사를 보면 지나친 야심가라는 언급이 빠지는 법이 없었다. 경제 전문 매체『블룸버그 비즈니스』에 따르면, 동료들이 포스톨을 가리켜 "공동으로 거둔 성과를 걸핏하면 자신의 공으로 돌리고, 안 좋은 결과에 비난의 화살이 쏟아질 때는 자기만 쏙 빠지는 사람"이라고 쑥덕대곤 했다.[8] 2012년 10월 포스톨을 해고한 애플의 CEO 팀 쿡은 회사의 협력적인 문화를 지키기 위해 필연적인 조치였다고 설명했다.[9]

다른 사람들의 공헌을 흔쾌히 인정하는 태도가 (자신이 거둔 성공의 일부가 다른 사람들이 이미 이루어놓은 것에 기댄 것이라고 인정하는 자세가) 팀원으로서 여러분의 매력에 영향을 미칠까? 나는 연방준비제도이사회 의장을 지낸 벤 버냉키와 함께 경제학 개론서를 집필하는 특권을 누린 사람으로서 그렇다고 말할 수 있다. 벤은 내가 가까이서 일해본 사람 중 단연코 가장 성공적인 경제학자다. 그는 연방준비제도이사회에서 의장으로 재직했을 뿐 아니라 세계 최고 권위의 학술지 가운데 하나로 전미경제학회에서 발행하는 『아메리칸 이코노믹 리뷰』의 편집장으로 일했으며 명문 프린스턴대학 경제학부 학장을 오랫동안 역임한 인물이다. 게다가 맡는 일마다 제 역할을 아주 훌륭하게 해냈는데, 이는 (그 밖에 많은 경제학자가 지니고 있는) 명석함과 열심히 일하는 성격에 더해서 상대적으로 흔치 않은 개인적 특성 때문이었다.

우리 책이 출간되기 전, 나는 학회에서 프린스턴대학 경제학부 교수들과 마주치는 일이 종종 있었다. 내가 벤과 함께 책을 집필 중이라고 이야기하면, 그들은 벤이 얼마나 멋진 학장이었는지 저마다 칭찬을 늘어놓기 바빴다. 대학에 오래 몸담은 사람이라면 교수들이 학장에 대해서 이렇게 한목소리로 칭찬하는 일이 얼마나 드문지 잘 알 것이다.

학장들은 대개 그 직책을 마지못해 받아들이고 재직 기간에 많은 일을 하려들지 않는다. 그런 유형의 학장이 구성원들의 강력한 반발에 부딪히는 상황은 좀처럼 일어나지 않는다. 그런데 흔치 않은 경우이긴 해도 학장이 내부 변화에 열성적으로 나오면 구성원들로부터 부정적인 평가가 쏟아져 나오기 일쑤다. 벤은 프린스턴대학 경제학부에서 새로운 교수진 채용을 열 차례 이상 감독할 정도로 대단히 활동적인 학장이었다. 교수진을 새로 초빙할 때는 으레 의견 충돌이 일어나기 마련이건만, 갈등이 빚어진 적은 한 번도 없었다.

그는 저명한 학자로 가득 찬 회의실에서조차 가장 명석한 사람이곤 했지만, 다른 사람들이 자신을 그렇게 바라볼 필요는 전혀 없다고 생각했다. 좋은 아이디어는 그 공을 많은 사람에게 돌릴수록 받아들여질 가능성이 높다고 이해했기에, 벤은 다른 사람들의 공로를 언급하는 데 언제나 주저함이 없었다.

이런 특성은 갈등의 소지가 다분한 교수진 임명 과정에서 합의를 도출하는 능력뿐 아니라 2008년 금융 위기의 여파로 신음하던 시절 까칠한 연방준비제도이사회 동료들의 지지를 모아낸 능력을 설명하는 데 도움이 된다. 당시 연방준비제도이사회 구성원 상당수는 투자자의 신뢰를 되살리기 위한 최고의 방법이 긴축 금융과 금리 인상이라고 주장하는 긴축 재성 옹호론자들에게 동조하고 있었다. 하지만 전공 분야 가운데 하나가 대공황의 역사적 분석이었던 벤은 긴축 재정이 이롭지 않을뿐더러 오히려 불황을 장기화할 것이라고 생각했다. 그는 총지출이 사람들을 일자리로 돌려보내는 데 필요한 수준에 훨씬 못 미치고 있기 때문에 경기 회복을 위해서는 강력한 재정 및 금융 부양책이 필요하다고 주장했다. 그는 재정적 경기부양 결정권을 쥐고 있는 의회가 제한적인 조치만 취하기로 하면서 자신이 주장하는 바를 완전히 이루지는 못했다. 하지만 처음에는 썩 내키는 표정이 아니었던 연방준비제도이사회 동료들을 설득해서 중앙은행이 여태껏 시행한 적 없는 가장 적극적인 금융적 경기 부양책을 시행해야 한다는 자신의 주장을 지지하도록 만들었다. 거시경제학자 대부분은 버냉키의 리더십이 아니었다면, 대침체는 훨씬 더 깊어지고 더 오랫동안 이어졌을 거라는 데 생각을 같이한다.

마지막으로 하나 더. 경제학 분야에서는 책이나 논문의 공저자 이름을 알파벳순으로 적는 것이 일반적이다. 벤은 워낙 유명한 사람이라서 우리가 이런 관행을 따른다면 책이 더 팔릴 수 있는 상황이었다. 그러나 벤은 출판사에 직접 연락해 내 이름이 앞에 와야 한다고 주장했다. 내가 전체적인 윤곽을 잡고 미시경제학 쪽 초안을 작성한 상태에서 자신이 프로젝트에 뒤늦게 합류했으니, 자기 이름이 나보다 먼저 오는 것은 정당하지 못하다는 설명이었다.

어떤 사람을 매력적인 팀원으로 만드는 요소가 무엇인지 규정하는 것은 대단히 복잡한 일이다. 하지만 자기 성취에 대해 너무 많은 공적을 주장하는 사람은 팀원으로서 매력이 없다는 사실, 그리고 자기 성공에 행운이 기여한 바가 전혀 없다고 주장하는 사람은 자신을 실제보다 과대평가한다는 사실에 우리가 동의할 수 있으면 좋겠다.

이런 사람에 대해서 다른 이들은 어떻게 반응할까? 이 문제를 파고들기 위해 온라인으로 실험을 진행했다. 먼저 실험 참가자들을 두 집단으로 나누고, 큰 성공을 거둔 생명공학 기업가 해럴드 존슨의 인터뷰 내용 일부를 대조적인 두 가지 버전으로 읽게 했다. 미국 CBS 시사 프로그램 「60분」에서 인터뷰한 내용으로 제시했지만, 사실 존슨은 가상의 인물이었다. 물론 존슨의 이야기 역시 전적으로 허구였다.

정확히 말하면, 코넬대학에서 문예창작 석사과정을 밟고 있던 커스틴 사라치니에게 부탁해서 작성한 것이었다. 나는 존슨을 매우 유능하고 자신감 넘치는, 그러나 이것 말고는 딱히 호감 가는 구석이 없는 사람으로 묘사해달라고 사라치니에게 부탁했다. 그가 작성한 두 가지 버전은 마지막 단락만 달랐다. 공통된 내용은 다음과 같다.

Q 오하이오주립대학에서 행정 업무를 맡다가 어떻게 H. J. 연구소를 운영하게 되었는지 간단하게 설명해주시겠습니까?

A 네, 제가 콜럼버스 오하이오주의 주도에서 행정 직원으로 일하게 된

것은 오아히오주립대학에서 기초화학 강의를 무료로 수강한 덕분이었습니다. 저는 화학 개론서들을 큼직한 서류 봉투 더미 아래 숨겨두었다가 옆에서 일하는 동료가 자리를 비우거나 할 일이 별로 없을 때마다 꺼내보곤 했습니다. 모든 것은 그렇게 시작되었습니다. 마침내 저는 오하이오주립대학에서 생화학 학사학위를 받았고, 학업을 계속해 예일대학에서 약리학 박사학위를 취득했습니다. 저는 신입생에게 머리카락을 태우지 않고 분젠 버너에 불을 붙이는 법 따위를 가르치면서 학비를 충당하기도 했습니다. 여러분도 어떤 일인지 짐작하실 겁니다.

저는 예일에 있는 동안 그럭저럭 몇 편의 논문을 출간했는데, 하버드에서 제 연구에 관심을 보였습니다. 저 역시 하버드에 약간의 관심을 표명했고, 채용되었고, 종신재직권을 얻었고, 지루해졌지요. 이 모든 일이 10여 년 만에 일어났습니다. 이때가 1990년대였어요. 그러다가 저는 제 연구팀과 함께 미국국립보건원에서 멋진 일거리를 맡게 되었습니다. 우리는 신경세포 발화에서 활동전위活動電位에 대한 연구를 진행했는데, 이 무렵 저는 우리가 전령 RNA를 발견했던 부차적인 프로젝트로 마음이 더 기울기 시작했습니다. 미국국립보건원에서도 이 프로젝트에 약간의 관심을 보였습니다. 그런데 승인을 받고 연구비를 받고 어쩌고저쩌고하느라 시간이 너무 걸리는 겁니다. 그래서 계약이 만료되자마자 미련 없이 짐을 쌌습니다.

저는 버클리대학 학회에서 논문을 발표한 직후에 동료와 함께 H.

J. 연구소를 설립했습니다. 이 무렵 많은 투자자가 우리를 찾아왔고, 우리는 치밀한 사업계획서를 펼쳐 보였죠. 1년 안에 연구실을 마련하고 뛰어난 직원들을 채용하기 위해 2000만 달러를 모금한다는 계획이었어요. 3년쯤 지나서 우리는 마침내 몇몇 제약 회사가 필요로 하던 특허를 따냈습니다. 그들은 우리의 특허를 사용하기 위해 상당한 금액을 지급했고, 우리는 시장을 찾아 헤매는 대신 진정한 감동과 재미를 만끽할 만한 연구에 몰두할 수 있었습니다. 성공 가도를 달리기 시작한 셈이었습니다.

내가 능력 버전 인터뷰라고 부르는 마지막 단락에서, 존슨은 회사의 성공이 본질적으로 능력과 노력의 결과라고 주장했다.

하지만 성공이 하늘에서 저절로 떨어진 것은 아니었습니다. 우리는 열심히 일했고, 제 파트너의 경험과 시장에 대한 통찰력 또한 의심할 여지 없이 중요한 성공 요인이었습니다. 하지만 열심히 일하는 사람, 시장에 정통한 MBA 출신은 많습니다. 우리 연구소가 획기적으로 발전할 수 있었던 진짜 이유는 바로 고도로 전문적인 기술이었고, 아마도 그 기술을 가능하게 했던 사람은 제가 유일할 겁니다.

행운 버전 인터뷰에서는 존슨이 자신의 능력이나 노력에 대해 더 이상 이야기하지 않는다. 대신에 몇 가지 커다란 행운이 없었다면 회사가 성공 근처에도 못 갔을 것이라고 말한다.

우리는 열심히 일했지만 운도 좋았습니다. 제가 버클리 학회에서 연단에 설 수 있었던 이유는 학회가 열리기 직전에 연설자가 참석할 수 없었기 때문입니다. 만약 그 자리에 그 투자자들이 없었다면, 그래서 제 연구의 장래성을 간파하지 못했더라면, 우리 연구실이 경험한 정말 마법 같은 사건들은 아마 일어나지 않았을지도 모릅니다.

아마존 메커니컬 터크를 통해서 온라인으로 모집한 실험 참가자 600여 명을 대상으로 두 가지 버전의 인터뷰 가운데 어느 한쪽을 무작위로 배정한 뒤, 같은 내용의 인터뷰를 받은 참가자끼리 묶어서 두 집단을 만들었다. 따라서 한쪽은 행운 버전만 읽은 집단이고, 다른 쪽은 능력 버전만 읽은 집단이었다. 인터뷰 내용 앞에 나오는 도입부는 두 버전 모두 같았다.

다음 내용은 『바이오테크놀로지』에서 2013년 올해의 회사로 선정한 H. J. 연구소의 공동 창립자이자 CEO 해럴드 존슨이 「60분」의 몰리 세이퍼와 인터뷰한 내용입니다. 인터뷰 내용을 읽은 뒤, 다음 장에 나오는 세 가지 질문에 답해주시기 바랍니다.

세 가지 질문과 응답 요령은 다음과 같다.

아래의 세 가지 질문에 대하여 여러분의 가능성을 10점 만점의 척도에 해시마크로 표시하시오. 그리고 해시마크 위에 정확한 점수를 숫자로 적으시오. (예를 들면 7.6)

1. 가령 여러분이 존슨의 회사보다 훨씬 더 큰 회사의 총수이고, 존슨을 선임 부사장으로 채용할 기회가 주어진다면, 실제로 존슨을 채용할 가능성이 얼마나 되는가?

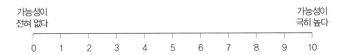

2. 해럴드 존슨이 '다른 사람을 친절하게 대하는 것이 중요하다'는 말에 동의할 가능성이 얼마나 된다고 생각하가?

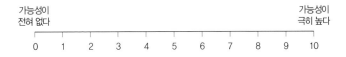

3. 여러분이 해럴드 존슨의 이웃이라면, 여러분과 존슨이 친한 친구 사이가 될 가능성은 얼마나 된다고 생각하는가?

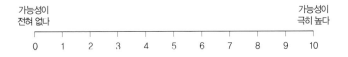

이 질문들의 목적은 큰 성공을 거둔 기업가에 대한 참가자들의 느낌을 간단한 성공담을 토대로 알아보는 것이다. 두 버전은 60개가 채 안 되는 단어로 이루어진 마지막 단락을 제외하고는 300개 이상의 단어로 구성된 내용이 글자 하나 다르지 않고 똑같다. 능력 버전의 마지막 단락에서 존슨은 자신의 성공을 능력과 노력 때문이라고 말한다. 합리적인 사람 대부분이 성공의 원인으로 부정하지 않을, 충분히 그럴듯한 이유다. 존슨이 약간의 행운 덕에 성공할 수 있었다고 인정한 행운 버전의 마지막 단락역시 반대하는 사람은 거의 없을 것이다.

그렇다면 위에 제시된 질문들에서 참가자들이 다르게 대답할만한 중대한 이유는 없어 보인다. 하지만 나는, 모든 것을 고려할 때, 행운 버전을 읽은 참가자가 능력 버전을 읽은 참가자보다 해럴드 존슨에 대해 더 우호적인 경향을 보일 것으로 추정했다. 그리고 MBA 학생들을 대상으로 실시한 사전 실험에서 내 생각이 맞았음을 확인할 수 있었다. 위에 제시한 세 가지 질문 각각에 대해서 행운 버전을 읽은 학생이 능력 버전을 읽은 학생보다 해럴드 존슨에 대해 상당히 우호적으로 답했다.

온라인으로 참가자를 모집한 본실험에서는 응답 패턴의 차이가 더 작았고 일관성도 더 낮았다. 존슨을 채용하겠느냐는 질문에서 여성 참가자는 능력 버전보다 행운 버전에서 더 높은 채용의사를 보였지만 남성 참가자는 반대였다. 이 질문에 대한 남성과 여성의 응답을 합치면, 능력 버전과 행운 버전의 응답 평균에는 큰 차이가 없었다. 참가자 집단을 학사 혹은 그 이상의 학위를 소지한 집단과 그렇지 않은 집단으로 분류해보니 비슷한 응답 패턴이 나타났다. 교육 수준이 높은 집단에서는 능력 버전보다는 행운 버전에서 존슨을 채용할 가능성이 더 높았지만, 교육 수준이 낮은 집단에서는 반대로 나타났다. 여기서도 그 차이는 통계적으로 크지 않았다.

두 번째 그리고 세 번째 질문에 대한 응답 결과는 내 예상과 더 비슷했다. 〈도표 8.1〉에서 보듯, 행운 버전을 읽은 참가자들은 사전 실험과 마찬가지로 존슨과 친구가 될 가능성과 존슨이 친절을 중요하게 여길 가능성이 더 크다고 응답했다. 이 두 질문에 대해서는 성별이나 교육 수준에 관계없이 본질적으로 같은 패턴을 보였다.

따라서 그 차이가 크지 않고 완전히 일관적이지도 않지만, 존슨이 성공에 있어서 행운의 역할을 인정한 인터뷰 버전을 읽은 참가자는 대체로 그를 호의적으로 생각했다. 자신이 존슨과 친구가 될 확률이 더 높고, 존슨이 다른 사람에 대한 친절을 가치 있게 여길 확률도 더 높다고 생각한 것이다. 행운 버전에서 묘사된 존슨을 더 매력적인 팀 동료 후보자로 여겼다는 의미다. 적당한 수준의 겸손은 매력적인 특성이라는 전통적인 관점과 맥을 같이 하는 결과이기도 하다.

요컨대 성공에 있어서 행운의 역할을 인정한다면 여러분에게 훨씬 득이 될 것이다. 사람들은 그런 여러분을 더 좋아하기 때문

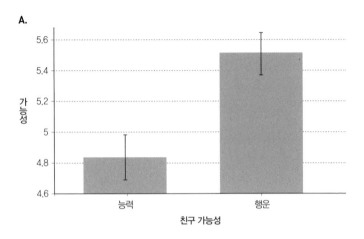

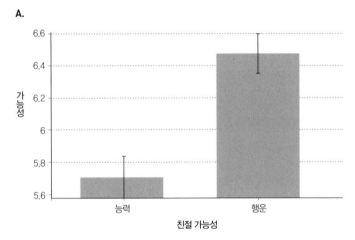

도표 8.1 우정과 친절 관련 질문에 대한 응답의 평균값

능력 버전/친구: 응답 수 301, 가능성 평균값 = 4.833887
능력 버전/친절: 응답 수 301, 가능성 평균값 = 5.704319
행운 버전/친구: 응답 수 307, 가능성 평균값 = 5.511401
행운 버전/친절: 응답 수 305, 가능성 평균값 = 6.47541

이다. 게다가 이런 태도가 여러분을 더 행복하게 만든다는 사실이 여러 근거를 통해서 입증되었다. 그리고 다른 사람이 여러분을 더 좋게 생각한다는 이 단순한 사실은 여러분을 매력적인 팀원이 될 사람으로 보이게 할 것이고, (순전히 물질적인 의미에서) 더 큰 성공을 안겨줄 것이다.

앞서 언급했듯이, 성공의 원인을 재능과 노력에서 찾고 실패의 원인을 불운으로 돌리는 인간의 보편적 성향은 심리적으로 교정할 여지가 있다. 하지만 나는 더 현실적인 원인을 받아들이는 편이, 모든 것을 고려할 때, 이득이라고 믿는다. 우리가 거둔 성공에서 행운의 역할을 인정하는 것이 우리에게 이득이 되는 경우가 많은 것처럼, 운이 안 좋았다는 핑계를 줄이는 것도 현명한 태도다. 예컨대 메이저리그 야구 선수가 되겠다는 내 꿈을 너무 빨리 산산조각 낸 불운에 대해 통탄하면서 오랜 시간을 허비하지 않았더라면, 장담컨대, 더 행복한 삶을 살았을 것이다.

소년 시절, 야구는 내 전부나 마찬가지였다. 플로리다 남부의 리틀야구 리그에 출전할 자격이 주어지는 마지막 학년에 올라가면서, 타격과 수비 연습에 낮 시간을 전부 할애했다. 하루도 연습을 거르지 않았다. 이쪽 분야에 마당발이었던 친구 덕분에, 마이애미 스타디움에서 펼쳐지는 열 차례의 시범 경기에서 브루클린 다저스현재의 LA 다저스의 볼보이로 일하기도 했다. 나는 그 두 시즌 동안 피위 리스와 로이 캄파넬라, 샌디 쿠팩스 같은 전설적인 스타들과 많은 시간을 보낼 수 있었다. 그들이 말하는 소리를 직접

듣다니, 심지어 그들에게 격려를 받다니, 너무나 황홀한 경험이었다! 야구가 곧 내 인생이라고 믿어 의심치 않았던 시절이었다.

하지만 나는 열세 살이 되면서 덜컥 모터사이클을 사버렸다. 그리고 할부금을 갚기 위해 아르바이트를 시작하면서 예정된 야구 시합에 볼보이로 나설 수 없었다. 2년이 지나자 모터사이클은 관심 밖으로 까마득히 사라져버렸고, 나는 다시 야구를 시작하기로 마음먹었다. 그러는 사이에 다른 학군으로 전학을 갔는데, 이 때문에 새 학교 야구팀에 들어가려면 테스트를 거쳐야만 했다. 테스트 첫날, 나는 내 쪽으로 날아오는 타구를 깔끔하게 캐치해서 정확하게 송구했고, 타석에서는 날카로운 타구를 제법 많이 날렸다. 그러나 이튿날, 야구팀에 뽑히지 못했다는 통보를 받았다.

나는 좌절감으로 완전히 무너졌다. 그리고 이후로 오랫동안, 바보 같은 이유로 야구를 떠나 2년이라는 시간을 허비했던 나를 자책하면서 후회하고 또 후회했다. 내 생각에 나는 능력 있는 선수였기에 야구를 계속하면 메이저리그 선수가 될 것이라는 확신이 있었다.

하지만 경제학자로서 승자 독식 시장을 연구하기 시작하면서 그 확신이 얼마나 순진한 것이었는지 깨닫기 시작했다. 연구에 등장하는 수치들은 내가 소년 시절 마음에 그렸던 것과는 전혀 다른 이야기를 들려주고 있었다. 내가 야구를 계속해서 고교 대회에 나가 좋은 성적을 냈다 해도, 프로팀에 선발되지는 않았을 것이다. 설령 프로팀에 겨우 입단한다고 해도 10년이라는 세월 동안 마이너리그를 전전하고 나서야 메이저리그 선수가 될 수 없다고 깨달았을 확률이 압도적으로 높다.

그러면 나는 스물여덟 살의 나이에 고등학교 졸업장만 손에 쥐고 앞으로 어떻게 살아가야 하나 고민했을 것이다. 그러나 현실의 나는 스물여덟 살에 코넬대학에서 경제학을 가르치고 있었고, 그보다 1년 전에는 박사학위를 취득했다. 모든 것을 고려하면, 야구를 계속할 기회가 날아갔다고 자책하는 마음 자체가 어마어마한 에너지 낭비였다.

———

우리는 사소해 보이는 우연한 사건들이 어떻게 우리 인생을 완전히 바꿀 수 있는지 깊이 생각하지 않는다. 우리가 운이 좋다고 느낄 정도로 훌륭한 환경을 조성하지 못하는 이유가 행운의 역할을 제대로 인지하지 못하기 때문만은 아니다. 그러나 중요한 원인 가운데 하나인 것만큼은 분명하다. 좋은 소식은 공공 정책에 있어서 상대적으로 간단한 변화만으로, 어느 누구에게 고통스러운 희생을 요구하지 않으면서, 그런 환경을 재건하는 데 필요한 자원을 확보할 수 있다는 사실이다.

변화가 필요하다는 내 주장은 이기심에 직접적으로 호소하는 것이다. 우리는 현재의 소득세를 폐지하고 각 가성의 연간 소비

지출에 대해서 훨씬 더 가파른 누진소비세율을 적용함으로써, 개인의 소비 동기가 사회의 폭넓은 이익과 한층 밀접하게 보조를 맞추도록 유도할 수 있다. 이 조치를 통해서 저택이나 고급 승용차, 보석류, 성대한 축하연 등등 최근 소비의 급격한 성장률을 낮출 수 있을 것이다. 이런 변화 때문에 돈을 아주 많이 버는 사람들이 조금이라도 덜 행복해지리라는 근거는 전혀 없다. 모든 저택이 조금씩 작아지고, 모든 자동차가 조금씩 싸지고, 모든 다이아몬드가 조금씩 온당한 가격을 되찾고, 모든 축하 파티가 조금씩 저렴해진다면 각각의 상황에 적용되는 '특별함'의 기준도 더불어 조정될 것이다. 그리고 부유한 사람들은 이전과 다름없는 행복을 누리게 될 것이다.

추가적 과세로 이어질 수 있는 모든 제안에 대해서 가장 흔한 반대 의견 가운데 하나를 고찰할 때 이 점을 염두에 두는 것이 중요하다. 그 흔한 반대 의견을 바꿔 말하면, 정부가 세금을 무턱대고 낭비할 것이라는 두려움만 없다면 공공재 확충을 위해서 더 많은 세금을 기꺼이 내겠다는 태도라고 할 수 있다. 하지만 끊겨 있는 다리처럼 오늘날 정부의 낭비를 보여주는 분명한 사례가 적지 않음에도 불구하고, 사람들 대부분은 정부 예산의 상당 부분이 진정한 가치를 낳는 공공재와 공공 서비스에 실제로 쓰인다는 데 동의한다. 이것은 최고 소득계층의 개인 소비가 증가하는 상황과는 완전히 대조를 이룬다. 그들의 소비 가운데 상당 부분은 상대적으로 높은 위치를 점하기 위한 '군비 경쟁'을 위해 무의미하게 낭비되고 있다. 일반적인 생각과는 달리, 개인의 낭비는 정부의 낭비보다 훨씬 만연해 있지만 줄이기는 훨씬 더 쉽다.

결론은, 정부를 가장 좋지 않게 바라보는 부자들도 누진소비세의 채택을 본질적으로 위험부담이 없는 조치로 여겨야 한다는 것이다. 추가적인 세입으로 유용한 공공재를 적어도 몇 가지는 확충할 수 있을 것이고, 누군가가 결혼식 비용이 세 배 이상 올라가야 사람들이 더 행복해진다고 주장하지 않는 이상, 결국에는 그 어떤 가치도 실제로 희생당하지 않을 것이다.

정치학자 로버트 퍼트넘이 『우리 아이들』에서 주장하듯, 성공을 촉진하는 환경을 재건하는 과업에는 중대한 도덕적 이유도 있다.[10] 퍼트넘은 자신의 고향인 오하이오주 포트클린턴에 있는 가정에 대한 사례 연구를 바탕으로 소득 격차의 증가가 저소득층 가정의 아이들이 누릴 수 있는 여러 기회를 어떻게 박탈하는지를 설명했다. 이 사례 연구의 결과는 미국 교육부가 교육 추적 조사에서 확보한 체계적 데이터를 통해서 재확인할 수 있다. 대학 졸업장 없는 성공이란 점점 더 어려운 도전 과제가 되었고, 이런 추세는 특히 저소득층 가정의 아이들에게 심각한 타격을 주었다. 한 예로 〈도표 8.2〉를 보자. 저소득층 가정의 아이들 중 8학년 수학 점수가 상위 25퍼센트에 드는 아이들이 하위 25퍼센트에 속하는 고소득층 가정의 아이들보다 대학 졸업장을 손에 쥘 확률은 더 낮게 나온다.[11] 대학을 겨우 졸업한다고 해도 의료비보다 더 빠른 속도로 치솟는 대학 등록금 탓에 사회에 진출하

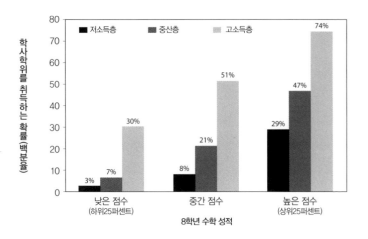

도표 8.2 교육적 성취와 사회경제적 지위

출처: M. A. 폭스, B. A 코널리, T. D. 스나이더 공저, 「2005년도 청소년 지표: 미국 청소년 복지 동향」, 워싱턴 D.C, 미국 교육부, 미국 교육통계센터, 표 21, http://nces.ed.gov/pubs2005/2005050.pdf.

자마자 학자금 대출의 엄청난 부담에 짓눌릴 수밖에 없다.

민주당과 공화당의 정치인 모두는 열심히 일하고, 규칙을 지키며, 재능이 있는 사람이라면 가정 환경과 상관없이 성공할 수 있다는 아메리칸드림을 찬양한다. 하지만 그 꿈은 이제, 퍼트넘이 설득력 있게 주장한 대로, 너덜너덜해지고 말았다. 저소득층 가정의 아이들이 성공을 향해 나아가는 길을 가로막은 걸림돌이 이제 무시무시할 정도로 커졌다는 사실을 자랑스럽게 느낄 사람은 한 명도 없을 것이다. 하지만 우리는 이런 현실을 바꾸기 위한 무언가를 어렵지 않게 해낼 수 있다. 그런데도 여전히 손을 놓고 있으니, 이런 태도를 과연 무슨 수로 정당화할 수 있을까?

로버트 퍼트넘은 내 오랜 친구다. 2014년 가을 내가 케임브리지를 방문했을 때 우리는 커피 한잔 하면서 각자 집필 중인 책에 관해서 이야기를 나눴다. 나는 부자들이 다양한 공공 투자가 저소득층뿐만 아니라 자신에게도 이롭다는 사실을 깨닫는다면, 우리 두 사람이 지지하는 공공 투자가 현실화될 가능성이 높아질 거라고 말했다. 퍼트넘은 내 말에 이의를 제기하지 않으면서도 사회적으로 중대한 변화는 대개 편협한 이기심에 근거한 주장이 아니라 도덕적 논쟁을 거쳐 촉발된다고 주장했다. 그러고는 『우리 아이들』이 정치적인 행동을 촉구하는 데 필요한 도덕적인 논쟁의 도화선이 되면 좋겠다고 덧붙였다. 나는 그 바람에 동의하지만 도덕적인 논쟁만으로 오늘날의 정치 상황에서 이른바 '빅 머니'의 영향력을 극복할 수 있을지 의문이라고 말했다. 부유한 사람들은 우리가 옹호하는 정책에 대해서 반박을 가할 수 있는 나름의 도덕적 근거들을 개발해왔고, 그 덕분에 목소리를 엄청나게 키울 수 있었다.

하지만 여기서 중요한 점은 도덕성과 이기심 사이에 그 어떤 충돌도 없다는 사실이다. 그렇다. 우리 아이들의 미래를 위해 투자를 늘려야 한다는, 반박할 수 없는 도덕적 주장이 있다. 그러나, 내가 줄곧 강조하듯, 바로 그 투자가 더 많은 부담을 져야만 하는 부유한 시민들의 편협한 이익도 증가시킬 것이다.

실제로 내 오랜 연구 주제는 도덕성과 이기심의 충돌은 많은 사람이 생각하는 것처럼 심각하지 않다는 것이다. 예컨대 나는

1988년에 출간한 책에서 이번 장 앞부분에 나온 사고 실험을 소개하고 매우 정직한 사람들이 가장 경쟁이 치열한 환경에서 어떻게 성공할 수 있는지를 분명히 보여주었다.[12] 신뢰가 필요한 환경에서, 믿음직한 사람이란 대단히 소중한 존재다. 사고 실험이 보여주듯, 우리가 그런 사람들을 찾아낼 수 있다면, 그들에게는 정직하게 살아온 대가로 잃어야 했던 모든 것을 충분히 보상받고도 남을 연봉이 기다릴 것이다.

변화는 언제나 어렵다. 하지만 변화에 실패하면 더 큰 어려움이 찾아오곤 한다. 부유한 사람들은 '빗장 공동체gated community' _{담장으로 둘러싸여 외부인의 출입을 통제하는 고급 주택단지} 같은 폐쇄적 공간에 거주하는 식으로 온갖 형태의 회피 전술을 동원해 최근 기간시설 투자의 급격한 축소로 인한 폐해를 모면할 수 있었다. 하지만 이외에 무수한 폐해로부터 벗어나기란 아예 불가능하다. 이를테면 짧은 거리를 이동하면서 헬리콥터를 이용할 수는 없는 노릇이다. 사람들로 넘쳐나는 공항이나 정비가 제대로 안 된 도로의 불편함 및 위험성이 부자들만 비켜가는 것도 아니다. 공장을 소유한다고 해서 유능한 인재를 배출해내지 못하는 학교 교육의 실패로부터 자유로울 수도 없다.

물론 현재 의회의 구성으로는 새로운 세금 제도의 채택을 고려할 가능성이 거의 없다. 하지만 퇴직자 수천만 명이 추가로 등장할 시점이 머지않은 상황에서 추가적인 세입원을 새롭게 창출하지 못한다면 미국은 빚에 허덕이는 나라가 될 것이다. 어쩌면 우리는 이 피할 수 없는 재정 위기를 무방비 상태로 앉아서 기다리는 것일지도 모른다. 하루속히 대책을 마련하는 편이 옳은 이유가 무엇인지 지금 당장 논의를 시작해야 한다.

그동안 살아온 길을 돌이켜보면, 이 순간에 살아 있어서 다행이고 이런 논의에 참여할 수 있어서 다행이라는 생각이 든다. 너무나 쉽게 다른 결과로 이어질 수 있었던 사건이 참 많았다. 갑작스러운 심장마비는 뇌에 산소 부족을 일으킨다. 2007년 11월 중순 어느 아침에 테니스장에서 쓰러진 이후로 며칠 동안 무언가 기억하는 능력을 상실한 것도 이 때문이었을 것이다. 나흘째 되던 날, 기억 능력 상실 문제가 사라진 나를 보고서 우리 가족이 얼마나 안심했는지 모른다. (나는 안심할 이유가 조금도 없었다. 나에게 그런 문제가 있었는지조차 알지 못했으니까.) 하지만 내가 아주 미세한 인지장애로 계속 고생하게 될지 말지는 주치의도 확실하게 답해줄 수 없었다.

2008년 1월, 내가 정확히 어떤 상태인지 파악하기 위해 입원 당시 나를 치료했던 신경과 의사를 다시 찾았다. 두 달 전, 그가 나에게 실시한 검사 가운데 하나는 몇 분 전에 외우라고 일러준 (모자, 신발, 펜이라는) 간단한 단어 세 개를 기억하는지 묻는 것이었다. 가족들이 말하기를, 나는 한 단어도 기억하지 못했을 뿐 아니라 의사가 세 단어를 기억하라고 지시한 사실조차 기억하지 못했다.

이후로 몇 주 동안, 내가 회복해간다는 증거가 꾸준히 쌓이면서 처음에 이 검사에서 단어 세 개를 기억하지 못하던 내 모습이 집안에서 두고두고 농담거리가 되었다. 아내와 두 아들로부터 '위대한 삼총사'라고 적힌 크리스마스 선물 상자를 받은 때도 그즈음이었다. 식구들은 상자 안에 들어 있는 세 가지를 알아맞혀보라고 했다. 물론 나는 짐작도 못 했다. 상자를 열고 보니 낚시용 모자와 펜, 그리고 아내가 찰흙으로 만든 조그만 테니스 신발이 들어 있었다. 식구들은 이 세 가지가 바로 신경과 의사의 질문에 담긴 단어들이라고 알려주었다.

신경과 의사를 다시 만나러 가는 날 아침, 나는 아내 엘런에게 새로운 단어 세 개로 나를 시험해달라고 부탁했다. 아내는 "나무, 상자, 다람쥐"라고 말했고, 5분 뒤 내가 이 단어들을 기억하는지 물었다. 나는 정답을 맞히기 전에 "당신은 기억하느냐"고 되물었다. 아내는 기억하지 못했다. (생각보다 어려운 검사다!) 하지만 나는 기억하고 있었다. 덕분에 한결 느긋한 마음으로 집을 나설 수 있었다.

그날 오후 신경과 의사는 15분 정도 상담을 진행하고는 단어 세 개를 외워보자고 했다. 그리고 본인이 지난 11월에 나한테 안겨주었던 세 단어, 모자와 신발과 펜을 그대로 나열했다. 엘런과 나는 터져나오는 웃음을 애써 참아야 했다. (그 의사가 매번 같은 단어를 사용하는 것은 당연한 일이다. 안 그러면 매번 새 단어를 어떻게 외우겠는가?) 하지만 5분이 지난 뒤 의사가 세 단어를 말해보라고 하자, 순간적으로 기억이 떠오르지 않았다. 다행히 크리스마

240

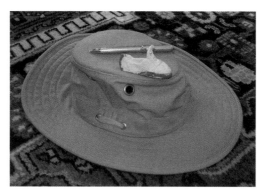
모자, 신발, 펜

스 선물 상자에 들었던 모자와 신발, 펜이 뇌리를 스쳤고, 마침내 나는 건강에 이상이 없다는 진단을 받고 집으로 돌아왔다.

나는 시간이 날 때마다 비교적 간단한 몇 가지 정책적 변화가 우리 모두에게 엄청난 발전을 선사하는 까닭을 설명하려고 꾸준히 애써왔다. 여러분도 이 책에서 제시한 아이디어가 말이 된다고 생각한다면, 다른 사람들과 대화를 나눠보기 바란다. 만약 우리가 현재 상황을 바꾸게 된다면, 여러분이 다른 사람들과 나눈 대화 덕분일 것이다. 여론의 형성 과정은 복잡하고 역동적이다. 그러나 중요한 사실은, 대화 상대가 무언가를 믿으면 자신도 그 무언가를 믿는 것이 합리적이라고 여기는 경향이 있다는 것이다. 그러니 용기를 내자. 나도 그랬다. 결론은, 비록 사회적 통념이 현실과 동떨어진 채로 오랜 시간이 흘렀다고 해도, 좋은 주장이 한번 뿌리를 내리기 시작하면 여론은 놀라운 속도로 뒤집힐 수 있다는 것이다. 그리고 좋은 주장은 여러분이 다른 사람들과 나누는 대화를 통해서 한 걸음, 한 걸음씩 여론으로 번져나갈 수 있다.

몇 년 전, 이 프로젝트에 대해 생각하기 시작했을 때부터 많은 사람이 훌륭한 조언과 격려를 아끼지 않았다. 그 누구보다 아내 엘런 매콜리스터에게 고맙다는 말을 전하고 싶다. 이타카 시의회 의원으로서 엘런이 보여준 모습은 나와 우리 지역사회의 다른 사람들에게 좋은 정부가 실제로 가능하다는 사실을 확실하게 보여주었다. 여러 동료 경제학자와 달리, 나는 수학적인 원리를 입증하느라 많은 시간을 쏟아부은 사람이 아니다. 그 대신 사람들이 실제로 겪은 경험에 대해 생각하는 데 엄청난 시간을 들였다. 그 오랜 시간이 내게는 무척 즐거웠다. 인간의 심리에 대한 엘런의 깊은 통찰에 기대어 다양한 주제로 풍요로운 대화를 나눌 수 있었기 때문이다.

너무 많아서 일일이 언급하기 어려울 정도로 수많은 사람이 커다란 도움을 베풀었다. 여기서 언급하지 못한 분들께 먼저 미안한 마음을 전하면서 피터 블룸, 서머 브라운, 브루스 뷰캐넌, CAU 세미나 참가자들, 필립 쿡, 리처드 도킨스, 데이비드 데스테노, 닉 에플리, 앨리사 피시베인, 크리스 프랭크, 데이비드 프랭크, 헤이든 프랭크, 제이슨 프랭크, 스리나게시 가버니니, 톰 길로비치, 파이퍼 구디브, 재닛 그린필드, 존 하이트, 오리 헤페츠, 휘웨저우, 그레이엄 커슬릭, 카티 메스티어, 데이브 누스바움, NYU 파두아노 세미나 참가자들, 샘 피지개티, 데니스 리건, 러셀 세이지 재단 세미나 참가자들, 커스틴 사라치니, 에릭 쉰베르크, 배리 슈워츠, 래리 세이드먼, 아미트 싱, 로리 서덜랜드, 데이비드 슬론 윌슨, 앤드루 와일리, 그리고 케이틀린 잘룸에게 진심으로 고맙다고 말하고 싶다. 이들의 조언과 격려는 정말 큰 힘이 되었다. 행여나 이 책에 어떤 오류가 있다면 그것은 전적으로 내 책임이다. 아울러 훌륭한 편집에 도움을 준 아너 존스와 캐슬린 카지프도 고맙다. 마지막으로 프린스턴대학교 출판부의 피터 도허티와 세스 디치크가 보여준 열정적인 지원과 책이라는 매체가 여전히 중요하다는 그 굳건한 믿음에 깊이 감사한다.

부록

4장 모의실험의
구체적인 결과

여기서는 경쟁의 결과에 영향을 미치는 요소들의 역할과 관련한 4장의 모의실험에 대해 상세하게 설명하기로 한다.[1] 이 실험은 수행 결과가 가장 좋은 경쟁자에게 승리가 돌아가는 승자 독식 토너먼트의 형태를 취한다. 수행 결과는 객관적으로 측정할 수 있으며, 총점이 가장 높은 참가자가 승리한다.

이후에 나오는 약간 더 구체적인 사례들에 대해서 여러분이 감을 잡는 데 도움이 되도록, 수행 결과가 오직 능력에 달려 있고 각 경쟁자의 능력은 0~100에서 동일한 확률의 임의 숫자로 표시되는 더 간단한 사례부터 시작해보자.

아래의 간단한 분포도에서, 평균적인 능력 수준은 50이다.

더 많은 사람이 경쟁에 참여할수록, 경쟁자들의 능력 수준이 더 넓은 범위로 분포함을 알 수 있을 것이다. 이는 경쟁자가 많아질수록, 능력 수준의 분포가 더 넓은 범위로 분산될 것이고, 따라서 최고 능력 수준도 더 높아진다는 사실을 의미한다.

경쟁자가 적을 경우 최고 능력 수준

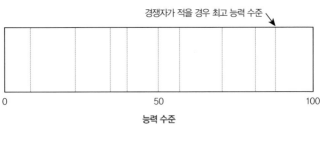

경쟁자가 많을 경우 최고 능력 수준

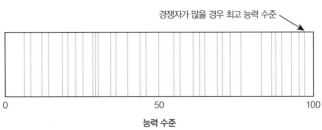

만약 두 명이 참여하는 경쟁을 수천 번 실시한다면, 둘 중 더 나은 사람의 평균 능력 수준은 66.7이 될 것이고, 그보다 못한 사람의 평균 능력 수준은 33.3이 될 것이다.

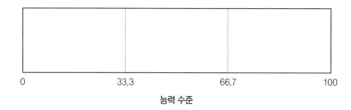

마찬가지로 세 명이 참가한다면 최고 득점자의 평균 능력 수준은 75가 될 것이다.

그리고 네 명이 참가한다면 최고 득점자의 평균 능력 수준은 80이 될 것이다.

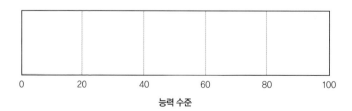

일반화하면, N명이 참가한 경쟁에서 최고 득점자의 평균 능력 수준은 $100[N/(N+1)]$이 될 것이다.

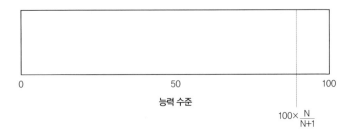

다음 사례를 보면, 예상되는 최고 능력 수준의 값은 경쟁자의 수가 늘어남에 따라 꾸준히 증가하지만, 일단 경쟁자 수가 엄청나게 많아지면 그 증가율이 매우 미미해진다는 사실을 알 수 있다.

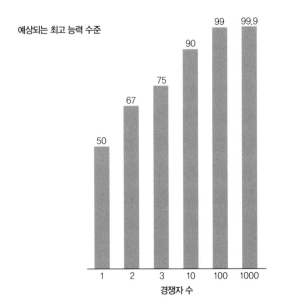

이제 여기에 행운이라는 요소도 추가해보자. 이전과 마찬가지로 경쟁자 각자의 능력은 같은 확률로 0에서 100 사이의 임의 값을 갖는다. 하지만 이번에는 수행 결과가 능력뿐 아니라 행운에도 달려 있는데, 행운 역시 같은 확률로 0에서 100 사이의 임의 값을 갖는다. 나는 능력과 행운의 상대적 중요성을 드러내기 위해서 경쟁자 각자의 수행 결과는 능력과 행운 점수의 합으로 도출하되 능력에 많은 비중을, 행운에 적은 비중을 주는 것으로 가정할 것이다. 이를테면 수행 결과가 95퍼센트의 능력과 5퍼센트의 행운으로 결정된다고 가정하면, 능력 수준이 90이고 행운 수준이 60인 경쟁자는 $0.95 \times 90 + 0.05 \times 60 = 88.5$의 수행 결과를 얻게 되는데, 이는 본인의 능력 수준에 살짝 못 미치는 수준임을 알 수 있다.

행운은 본질적으로 임의성을 띠는 개념이기 때문에, 능력과 행운 사이에 아무런 상관관계가 없다고 가정하는 것이 가장 자연스럽다. 능력이 크다고 해서 운이 좋은 것도 아니고, 운이 나쁘다고 해서 능력이 부족한 것도 아니라는 말이다. 예컨대 1000명 가운데 능력이 가장 뛰어난 경쟁자의 예상 능력 수준은 99.9가 되겠지만, 예상되는 행운 수준은 고작 50일 것이다.

경쟁자가 1000명일 경우 가장 높은 능력 수준의 예상치 = 99.9

0　　　　　　　　50　　　　　　　100

능력 수준

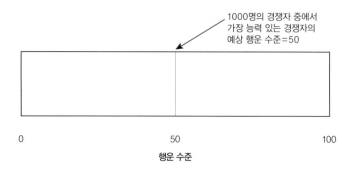

1000명의 경쟁자 중에서
가장 능력 있는 경쟁자의
예상 행운 수준=50

0   50   100

행운 수준

경쟁자 1000명 가운데 최고 능력 수준을 보인 경쟁자의 수행 결과 예상치 $P=0.95×99.9+0.05×50=97.4$로, 최고 점수에서 불과 2.6점 낮은 수준이다. 하지만 999명의 다른 경쟁자를 고려하면 이 점수는 최고 수행 결과가 되기에 대체로 불충분하다.

경쟁자가 1000명이라면, 이 가운데 10명의 능력 수준은 99를 넘어설 것으로 예상된다. 이 10명 중에서 가장 높은 행운 수준의 예상치는, 앞서 설명한 공식에 따라 $(10/11)×100=90.9$다. 그러므로 1000명의 경쟁자 중 예상되는 최고 수행 결과의 점수는 적어도 $P=0.95×99+0.05×90.9=98.6$일 텐데, 이는 가장 능력 있는 경쟁자의 수행 결과 예상치보다 1.2포인트 높다.

요컨대 1000명의 경쟁자 중에는 가장 능력 있는 경쟁자와 대략 비슷한 능력이 있으면서 운은 훨씬 더 좋은 사람이 거의 언제나 있기 마련이다. 결론은, 전체 수행 결과에 있어서 행운의 영향이 아주 적다고 해도, 경쟁자가 많은 상황이라면 가장 능력 있는 사람이 승리하는 경우가 좀처럼 발생하지 않으며, 대개 가장 운 좋은 사람 가운데 한 명이 승리자가 된다는 것이다.

아래 표는 수행 결과가 재능, 노력 그리고 행운이라는 세 가지 요인에 의해 결정되는 추가적인 모의실험의 결과를 나타낸다. 이들 사례에서 재능과 노력은 같은 비중을 차지하고, 이 둘은 모든 경쟁자의 총 수행 결과 점수에서 가장 큰 부분을 차지한다. 행운이 수행 결과에서 차지하는 비중은 사례에 따라 1에서 20퍼센트로 다양하다. 나는 행운의 비중별로 경쟁자 수를 1000명, 1만 명, 10만 명으로 구분했다. 각각의 모의실험에서 경쟁 횟수는 1000번이다. 재능과 능력, 그리고 행운에 해당되는 모든 점수는 실수이며 0에서 100 사이에 같은 확률로 어느 자리에든 올 수 있다.

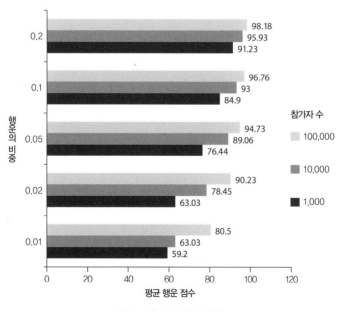

도표 A1.1 승자의 평균 행운 점수

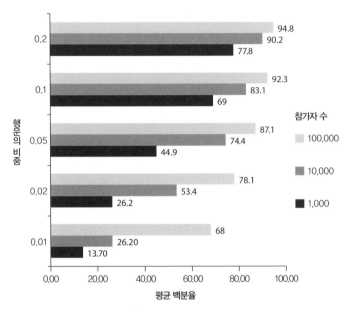

도표 A1.2 재능+노력 점수의 합이 최고 점수가 아닌 승자들의 백분율

도표 A1.1은 모의실험에서 승리한 사람들의 평균 행운 점수를 나타내고, 도표 A1.2는 재능과 노력 점수의 합이 경쟁자들 중 최고점이 아니었던 승자들의 백분율을 나타낸다.

누진소비세에 관해
자주 묻는 질문들

누진소비세가 다른 소비세, 이를테면 판매세나 부가가치세와 어떻게 다른가?

부가가치세는 대부분의 주에서 부과되는 판매세와 유사하다. '비례세flat tax'를 채택하자는 최근의 제안은 현재의 소득세를 판매세national sales tax로 대체하자는 요구다. 보통 계산대 앞에서 부과되는 판매세는 구매자가 구매한 상품의 가격에 고정된 비율로 이미 포함된 세금이다. 부가가치세는, 그 이름에서 연상되듯이, 상품이나 서비스가 생산되고 유통되는 과정의 모든 단계에서 새로 생겨나는 가치에 부과하는 세금이다. 부가가치세는 그 기능이 일반적인 판매세와 본질적으로 동일하다. 구매자는 어떤 상품을 구매하든 간에 그 가격에 고정된 비율로 포함되어 있는 세금을 매번 내게 된다.

반대로 누진소비세는 계산대 앞이나 생산 및 유통 과정의 각 단계에서 부과되지 않으며, 구입한 상품 가격에 고정된 비율로 이미 포함된 것도 아니다. 우리에게 익숙한 소득세와 마찬가지로, 1년에 한 번 납부하고, 과세 대상 소득 대신에 과세 대상 소비에 부과된다. 과세 대상 소득에서 연간 저축액과 기초 공제를 빼면 과세 대상 소비가 된다. 예컨대 어떤 가정의 과세 소득이 연간 6만 달러이고 저축이 그해에 1만 달러 증가했으며 연간 기초공제액이 3만 달러라고 가정하면, 그해 과세 대상 소비는 6만 달러-1만 달러-3만 달러=2만 달러가 된다.

일단 과세 대상 소비를 계산하고 나면, 내야 할 세금의 규모는 세무 당국에서 발행한 표에서 찾을 수 있다. (현재 납세해야 할 소득세가 얼마인지 알아보기 위해 그런 표를 참고하듯이 말이다.) 누진소득세의 경우, 가정의 소득이 적을 때는 낮은 세율이 적용되지만 소득이 증가함에 따라 추가적인 소득에 대해서는 점진적으로 높은 세율이 적용된다. 누진소비세도 마찬가지다. 낮은 세율로 시작하되, 과세 대상 소비가 증가할수록 세율도 올라간다.

누진소비세에서 저축은 과세 대상이 아니므로, 가장 높은 소비 수준에서의 한계세율은 현재의 세입 수준을 유지하기 위해서라도 현재의 소득세 체계보다 높아야 한다.

누진소비세에서 대출과 융자의 상환은 어떻게 취급될까?

대출은 언제나 마이너스 저축으로 간주하여 과세 대상이 된다. 앞서 가정한 사례처럼, 연간 과세 소득이 6만 달러이고 연간 저축이 1만 달러인 가정이 과세 연도에 새로이 5000달러를 대출받았다면, 연간 과세 대상 소비는 (기초공제는 똑같이 3만 달러로 가정하고) 6만 달러-1만 달러+5000달러-3만 달러=2만5000달러다. 또는 대출을 받지 않았을 경우에 비해 5000달러 많다고 표현할 수도 있다. 대출 상환은 이와 반대로 생각할 수 있다. 즉, 상환액만큼 저축했다고 보면 된다.

누진소비세 하에 집이나 값비싼 내구재를 구입하면?

집을 구입하면 상당히 오랜 시간 동안 그 집을 사용하기 때문에, 과세 연도에 100만 달러짜리 집을 구입한 가정이 그해에 실제로 집이 제공하는 서비스를 소비하는 규모는 구매 금액의 작은 부분에 불과하다. 그러므로 내구재 구입을 위한 대규모 지출은 여러 해에 걸쳐서 나눌 필요가 있다. 현재의 세금 제도 아래서 비즈니스 투자의 여러 유형도 그렇게 하고 있다. 예컨대 그 집의 수명이 20년이라고 가정하면, 100만 달러짜리 집을 구입할 경우 향후 20년 동안 매년 5만 달러를 소비하는 것으로 간주할 수 있다.

소비세는 대단히 역누진적이지 않을까?

기존의 판매세와 부가가치세야말로 역누진성이 매우 강하다. 고소득 가정의 저축률이 다른 가정에 비해서 현저하게 높기 때문이다. 비례세를 지지하는 사람들은 주로 기초생필품에 대해 면세를 하는 방식으로 역누진성을 줄이자고 제안해왔지만, 비례세나 판매세를 반대하는 중요한 이유가 이런 세금이 지닌 역누진성에 있다. 누진소비세는 역누진성을 의도적으로 줄인 세금이다. 또 바람직한 누진성이 어느 정도이든 간에 그에 맞게 세율 구조를 조정할 수 있다.

소비에 과세하면, 소비 억제 효과로 경제 성장이 둔화되지 않을까?

그렇다. 하지만 애초에 경제가 침체된 상황이라면 그렇다. 경제가 완전고용을 이루지 못한 상태로 작동하는 고통의 기본적인 문제는 낮은 수준의 총 소비 탓에 생산자들이 일자리를 원하는 모든 사람을 고용하지 않은 채 사업을 벌인다는 점이다. 따라서 소비재의 세금 포함 가격을 올리는 방식으로 소비에 과세하는 것은 이미 침체된 경기를 악화시키면서 소비를 실제로 억제할 수 있다. 대부분의 국가가 2008년 금융 위기의 충격에서 아직도 완전히 헤어나지 못했기 때문에, 완전고용이 다시 이루어질 때까지 누진소비세의 채택은 연기되어야 한다.

경기가 회복돼서 완전고용이 이루어지면, 누진소비세는 소득세를 차츰 대체하는 식으로 천천히, 단계적으로 도입해야 한다. 그러면 사람들이 저축을 조금씩 늘리기 시작하므로, 초기에는 국가의 총지출이 약간 감소할 것이다. 동시에 저축이 증가하면서 이율은 떨어지면, 기업이 투자 지출을 늘리는 동기가 된다. 따라서 소비가 줄고 투자가 증가하면서 총지출은 이전과 비슷하게 유지된다. 완전고용을 창출하는 힘은 총지출에서 나오지만, 총지출에서 소비와 투자가 차지하는 비율은 관계없다. 따라서 경제가 이미 완전고용 상태에서 돌아가고 있다면 누진소비세가 경기 침체를 일으키지는 않을 것이다.

오히려 완전고용이 이루어진 경제에서 누진소비세는 장기적인 경제 성장을 자극할 것이다. 투자가 늘고 소비가 줄면서 더 많은 사람이 투자재 생산에 고용될 것이고, 소비재를 생산하는 사람은 줄어들 것이다. 그렇게 시간이 흐를수록, 더 많은 투자는 노동자의 생산성을 높이면서 임금과 국민소득의 급격한 증가를 가져올 것이다. 일단 국민총소득이 충분히 증가하면, 총 소비의 규모가 (총생산에서 낮은 비율을 차지한다고 해도) 소득세 시절에 비해서 많아질 것이다.

지금 시스템에서 누진소비세 체계로 이행하는 최선의 방법은?

침체된 경제 아래서 입법자들은 누진소비세를 당장 채택하되 경제가 완전고용에 접어든 뒤에 단계적 시행에 들어갈 것이라고 발표함으로써 총 소비 수준의 회복을 크게 가속화할 수 있을 것이다. 조만간 더 큰 저택을 짓거나 비싼 축하 파티를 준비하려고 생각하던 고소득층 가정에서는 높은 세금을 피하고자 소비를 더 늘릴 것이다. 수천억 달러의 추가 소비 지출은 정부의 추가 지출이 전혀 없어도 내수 경제를 즉각 활성화할 것이다.

물론 그동안 미루던 기간시설 투자를 늘리면서 경제를 활성화하는 게 더 좋은 방법이다. 하지만 그것이 불가능하다면, 부유한 사람들로 하여금 더 큰 집을 짓도록 유도하는 편이 아무것도 하지 않는 것보다는 낫다.

누진소비세로 전환하면 정부의 경기 부양 능력에 어떤 영향을 미칠까?

침체된 경제 아래서 정부의 당면 과제는 모든 수단을 강구해 소비를 촉진하는 것이다. 한 가지 방법은 정부의 직접 지출을 늘리는 것이다. 두 번째 방법은 중앙은행이 금리를 낮춤으로써 투자 지출을 활성화하는 것이다. 현행 소득세 체계 아래서는 소득세를 일시적으로 삭감해줌으로써 소비 지출을 활성화하는 세 번째 방법을 택할 수도 있다.

그런데 안타깝게도, 일시적인 소득세 삭감은 실질적인 효과가 별로 없는 방법이다. 소비자는 여분의 실소득을 소비하기보다 저축하는 성향이 있기 때문이다. 고용이 불확실한 상황에 직면해서 저축을 늘리는 것은 개인의 합리적 선택이지만, 침체된 경제를 살리는 데는 아무런 도움이 되지 않는다.

　누진소비세 하에서 돌아가는 경제는 훨씬 더 강력한 경기부양 책을 동원할 수 있다. 소비자가 누진소비세의 일시적 삭감으로부터 혜택을 받을 수 있는 유일한 방법은 더 많은 돈을 당장 소비하는 것이기 때문이다. 일시적 삭감 기간이 끝날 때까지 소비를 미루면 소비자들은 어떤 혜택도 받을 수 없다.

소비세를 사치품에만 부과하는 게 더 좋은 방법이 아닌 이유는?

낭비로 보이는 소비를 억제하기 위한 노력으로 많은 나라에서 특정 사치 품목에 세금을 부과해왔지만, 실제로는 대개 역효과를 낳았다. 문제는 사치라는 개념이 귀에 걸면 귀걸이 코에 걸면 코걸이라는 것이다. 어떤 상품을 사치품으로 보고 과세한다면, 소비자는 기본적 욕구를 동일하게 충족시키는 비과세 상품으로 시선을 옮기면 그만이다. 한 예로, 수백 년 전에 어떤 나라에서 금으로 만든 단추에 세금을 부과했더니 부자들이 상아를 깎아서 만든 단추로 세금을 피했다. 문제는 또 있다. 특정 상품에 사치세를 부과할 경우 의회가 수렁에 빠지는 것은 불 보듯 뻔한 일이다. 모든 업계가 로비스트를 의회로 보내서 자기네 상품이 면세 대상인 생필품이라고 하소연할 것이다.

총지출에 대해서 누진세율로 세금을 부과하면 의회가 어느 것이 사치품인지 판단할 필요도 없고, 소비자가 비과세 대체품을 찾아 헤맬 이유도 없다. 높은 한계세율은 오로지 높은 과세 시작점을 넘긴 지출에만 적용되기 때문에, 그런 지출이 보통 생필품으로 간주되는 상품에 대한 것일 확률은 희박하다고 판단할 수 있다.

퇴직자는 자신의 저축에 대해 소득세를 이미 냈으니, 그 돈을 찾아서 쓸 때 소비세를 또 부과하면 불공정하지 않을까?
맞는 말이다. 그런 이유로, 현재의 소득세 시스템 아래서 저축한 돈을 은퇴 후에 찾아서 사용할 때는 추가적인 과세를 면제해야 마땅하다.

엄청난 부자들이 누진소비세를 가볍게 무시하지 않는 이유는?
사실 오늘날의 부자들 중에는 지금부터 당장 지출을 열 배로 늘리고도 훗날 은행 계좌에 수억 달러를 남기고 죽을 수 있는 사람이 꽤 있다. 이런 사람은 누진율이 높은 소비세에도 불구하고 소비 수준을 지금처럼 유지할 여력이 있지만, 실제로 그럴 가능성은 낮다는 것이 여러 근거를 통해서 드러났다. 예컨대 맨해튼

에 거주하는 최고 부자들 가운데 상당수는 현재 살고 있는 아파트 건물을 통째로 살 수 있을 정도로 돈이 많다. 그렇다고 해도 900제곱미터가 넘는 아파트에서 사는 경우는 흔치 않다. 물론 그들이 휴스턴이나 클리블랜드에서 산다면, 대부분 1800제곱미터가 넘는 집에 거주했을 것이다. 맨해튼의 그들이 더 작은 주거지를 선택한다는 사실은 엄청난 부자들조차 가격 신호price signal에 반응한다는 분명한 증거다. 맨해튼 부동산의 제곱미터당 가격은 다른 도시에 비해서 두 배 이상 비싼데, 이 사실이 맨해튼 거주자 대다수로 하여금 더 작은 아파트에 만족하도록 만든다. 그 간접적인 영향으로, 훨씬 큰 집을 살 만한 여유가 되는 사람들조차 그보다 작은 공간을 충분하다고 느끼게 된다. 맨해튼 사람들의 거주 공간이 상대적으로 작다보니, 그 지역의 준거틀 자체가 변한 결과다.

누진소비세가 중산층에게 금융 부담을 안기는 지출 폭포를 어떻게 줄일까?

부자들조차 가격 신호에 반응하는 만큼, 누진소비세는 최상위 소득계층의 사람들이 덜 소비하도록 유도할 것이다. 그들은 더 작은 규모로 저택을 증축하고, 덜 사치스러운 축하 파티를 열고, 자동차와 보석류에 돈을 덜 쓰는 등 소비를 줄일 것이다. 이는 바로 아래 소득계층의 수요를 만드는 준거틀을 변화시켜서 역시 소비를 덜 하게 만든다. 이런 효과가 최하위 소득계층에까지 계속해서 나타날 것이다. 많은 중산층 가정이 집에 돈을 적게 쓰면, 다른 중산층 가정도 소비를 더 해야 한다는 압력을 덜 받게 될 것이다.

————————

부자들이 소비세 탓에 남들보다 저축률을 높이면, 부의 불균형이 심화되지 않을까?

누진소비세를 정당화하는 가장 강력한 근거 가운데 하나가, 우리가 살펴본 것처럼, 지출 폭포에 내재하는 낭비를 제거하면서 소비의 불평등을 줄일 수 있다는 것이다. 하지만 누진적인 세율 구조는 부유한 가정이 저축을 늘리는 한층 강력한 동기를 제공할 것이고, 그 결과 부자들은 소득이 더 낮은 가정보다 더 높은 비율로 저축하는 성향을 더 강화할 것이다. 따라서 누진소비세 채택으로 부의 불평등이 더 악화될 가능성이 있는 것도 사실이다. 역사적으로, 부의 불평등 심화가 초래하는 가장 우려스러운 실질적 폐해 두 가지는 부의 세습으로 인한 가족 왕조의 탄생과 부자들에게 정치적 권력이 더 집중되는 경향이다. 따라서 사회적으로 누진소비세 문제에 대해 숙고하면서, 더 강력한 상속세의 채택과 정치 자금 기부에 대한 엄격한 제한을 신중하게 고려해야 할 것이다.

강력한 상속세로 누진소비세를 보완한다는 것이 정치적으로 실현 가능할까?

반대자들이 '사망세'라고 부르는 상속세는 최근 꾸준히 줄어왔다. 현재 미국에서는 비과세로 부모한테서 물려받을 수 있는 금액이 거의 1100만 달러에 이른다. 여론조사에 따르면 수많은 사람이, 심지어 현재 시스템 아래서 상속세를 납부할 확률이 거의 없는, 부의 분포에서 하위 20퍼센트에 속한 사람들조차 상속세 철폐를 지지하는 것으로 나타났다. 따라서 더 강력한 상속세를 시행한다는 것은 실로 엄청난 저항에 직면한다는 뜻이다.

그러나 유권자들이 상속세 철폐가 다른 세금의 폭증이나 공공 지출의 급감을 초래한다고 이해하면, 반대 여론은 빠르게 사라질 것이다. 한 조사에 따르면, 유권자들이 상속세 철폐가 소득세 또는 판매세 상승과 특정 공공재에 대한 지출 감소를 동시에 야기한다는 사실을 알게 되는 경우, 상속세 철폐를 반대하는 사람이 그렇지 않은 사람보다 네 배나 많은 것으로 나타났다.[1] 요컨대 상속세 철폐를 지지하는 여론은, 그 부작용을 또렷하게 제시하기만 하면, 금세 증발해버릴 것이다.

사실 상속세에 더 많이 의지해야 하는 강력하고도 충분한 이유가 있다. 이 세금은 변호사의 성공조건부 계약contingency contract과 굉장히 비슷하다. 회사의 부주의로 부상을 입었지만 변호사를 고용할 여유가 없는 직원을 생각해보지. 만약 어떤 변호사가 이 사건을 맡을 경우 이득을 보겠다고 판단한다면, 그 직원에게 성공조건부 계약을 제시할 것이다. 패소하면 보수를 안 받고, 승소하면 보상금 일부를 성공 보수로 받겠다는 뜻이다. 상속세 제도 아래서 유효한 조건들과 성공조건부 계약은 깜짝 놀랄 정도로 비슷하다. 납세자 대부분은 인생을 시작할 때만 해도 자신이 큰 성공을 거둘지 어떨지 알지 못한다. 하지만 현실주의자들은 성공하지 못할 가능성이 높다는 사실을 스스로 안다. 상속세를 도입할 경우, 정부는 더 좋은 도로나 학교 같은 가치 있는 공공 서비스를 추가로 제공할 수 있다. 납세자들은 금전적인 성공 여부와 관계없이 누구나 이 서비스를 누릴 수 있다. 누군가의 재산은 그가 억만장자로 죽는, 가능성이 희박할 경우에 한해서 과세 대상이 된다. 이런 계약을 똑똑하고 젊은 납세자 상당수가 무슨 이유로 반대하겠는가?

예산 문제를 현실적으로 고민하는 사람들은 베이비붐 세대 수천만 명이 은퇴하기 시작하면, 예산 부족 사태가 심각해지면서 추가적인 세입원이 절실해질 것임을 인정한다. 이런 현실을 더 많은 사람이 인식한다면, 더 많은 세금을 거두게 해주는 상속세가 더더욱 매력적인 수단으로 떠오를 것이다.

상속세 탓에 자녀들의 경제적 안정이 위협받을 것이라고 걱정하는 부모들도 있다. 하지만 현재의 면세 수준은 자녀가 학위를 여러 개 따고, 사업을 시작하고, 호화로운 집을 사고, 만일에 대비해서 수백만 달러를 남겨두기에 충분한 돈 그 이상을 상속받게 해준다. 곰곰이 생각해보자. 사람들은 정말 이보다 더 많은 돈을 자식에게 물려주고 싶을까? 부의 역사가 오래된 가문에서는 자식들이 부를 보장받았다는 생각에 성공적인 경력을 스스로 개척하는 능력을 상실하지 않을까 염려하는 전통이 있다. 억만장자 투자자인 워런 버핏은 자식들에게 많은 유산을 아예 기대하지 말라고 못을 박았다. 훗날 아들 피터는 그런 아버지께 진심으로 감사드린다고 말했다.[2]

누진소비세가 현재 부과되는 다양한 세금에 어떤 영향을 미칠까?
세금은 어떤 활동에 부과하든 간에 두 가지 영향을 미친다. 세입을 창출하고, 과세 대상이 되는 해당 활동에 대한 의욕을 꺾는 것이다. 우리에게 부과되는 세금 대부분은 유익한 활동에 지장을 초래하는 달갑지 않은 부작용이 있다. 이를테면 한 가정의 소득은 소비에 저축을 더한 것이므로, 소득세는 저축을 방해한다. 급여세payroll tax는 노동자를 추가로 고용하는 비용을 높이기 때문에, 기업의 일자리 창출 계획을 단념시킨다. 누진소비세를 옹호하는 한 가지 강력한 근거는 그 높은 한계세율이 다른 사람들에게 유해한 지출을 억제한다는 데 있다. 물론 부유한 사람들이 남들에게 해를 끼칠 의도로 더 비싼 저택을 짓거나 더 비싼 축하 파티를 준비하는 것은 아니다. 하지만 그런 식의 지출은 저소득 가정이 기본적인 목표를 달성하기 위해 반드시 지출해야 하는 것

을 규정하는 준거틀을 바꾼다.

합리적인 세금 체계를 추구하려면, 유익한 활동에 부과하는 현재의 세금을 버리고, 다른 사람에게 부당한 피해를 주는 활동에 부과하는 세금으로 대체해야 한다. 이런 세금은 그 필요성을 처음 주창한 영국 경제학자 A. C. 피구의 이름을 따서 피구세 Pigouvian tax라고 불린다. 예컨대 기업의 이윤은 그 자체로 다른 사람에게 해가 되는 것이 아니므로, 기업의 소득세는 기후학자들이 이미 엄청난 피해를 야기했다고 비판하는 탄소배출에 대한 세금으로 대체할 수 있을 것이다. 무게에 따라 차량에 세금을 부과할 수도 있다. 무거운 차량일수록 교통사고 피해자의 부상 또는 사망 위험성이 높기 때문이다. 혼잡한 도로를 이용하는 운전자에 대해서도 세금을 부과할 수 있다. 가뜩이나 자주 막히는 도로에 진입함으로써 다른 운전자가 목적지로 이동하는 시간을 지연시키기 때문이다. 이외에도 피구세의 대상이 될 수 있는 것은 많다. 요컨대 누진소비세는 피구세로서, 유익한 행위에 부과하는 현재의 세금을 남에게 과도한 피해를 입히는 행위에 부과하는 세금으로 대체하는, 설득력 있는 사례가 될 수 있다.

경제활동의 궁극적인 목표가 사람들이 중시하는 재화와 용역의 생산이라면, 누진소비세로 소비를 제한하는 이유가 무엇일까?
누진소비세를 옹호하는 근거는, 이 세금이 우리가 생산하는 것의

구성을 현재의 구성보다 더 큰 가치를 제공하는 방향으로 바꾸기 위한 강력한 동기를 제공한다는 데 있다. 현재의 구성으로는 불충분하다. 소비자가 무엇이 최선인지 모르기 때문이 아니라, 개인적인 동기들이 최선의 구성과 상충하기 때문이다. 우리에게 친숙한 경기장의 비유처럼, 시합 장면을 더 잘 보기 위해 자리에서 일어나는 행동이 누구에게나 합리적인 선택이지만, 모두가 편안하게 자리에 앉는다면 누구에게나 시합 장면이 잘 보일 것이다.

누진소비세가 그렇게 좋은 아이디어라면, 왜 진작 채택하지 않았을까?

미국의 납세자 대부분은 이미 누진소비세의 영향 아래서 움직이고 있다. 아주 적은 비율의 가정만이 IRA나 401K 같은 과세유예 은퇴 계좌에 허용된 최대 금액만큼 저축하기 때문이다. 하지만 부유한 가정 대부분은 그런 동기에 영향을 받지 않는다. 최고 한도액보다 훨씬 더 많이 저축하고 있기 때문이다. 그리고 지출 폭포는 최상위 소득계층에서부터 시작되므로, 현재의 세금 제도는 이들을 단념시키기 위한 노력을 조금도 하지 않는다.

미국에서 누진소비세를 주 단위로 실행할 수 있을까?

사람들은 인접한 관할권으로 이주할 수 있다. 따라서 주 정부는 세금 정책의 종류를 선택할 때 제약을 받는다. 예를 들어 어떤 주가 엄청나게 높은 소득세를 부과한다면, 부유한 납세자들이 근처 다른 주로 떠나버리는 위험을 감수해야 한다. 그러나 누진소득세를 채택한 주는 다른 주의 고소득 납세자들을 실제로 끌어들일 수 있다. 부유한 납세자들은 '특별'해 보이는 것을 추구하는 데 돈을 쓰지만, 특별하다는 개념은 상대적인 데다, 무언가를 특별하게 만드는 기준도 장소에 따라 매우 다른 경향을 띤다. 만약 어떤 주가 누진소비세를 채택한다면, 그곳에 사는 부자들은 더 많이 저축하고자 할 것이고, 저택 증축이나 자녀의 성년식 파티에 돈을 덜 쓸 것이다. 하지만 모든 사람이 이런 지출을 줄일 것이므로, 특별함을 정의하는 그 지역의 기준이 조정되면서, 돈을 적게 쓰더라도 예전에 더 큰 비용을 들일 때와 비슷한 효과를 얻을 것이다.

그러므로 정보에 눈이 밝은 부자라면 누진소비세를 채택하고 있는 인접 주로 이주를 고려할 만한 타당한 이유가 있는 셈이다. 그들은 이주를 통해서 예전만큼 많은 돈을 쓰지 않고도 자신의 기대를 충족시킬 수 있고, 그렇게 남긴 소중한 돈을 투자에 쓸 수 있을 것이다. 만약 주 단위에서 누진소득세로 누릴 수 있는 혜택이 이처럼 매력적이라면, 다른 주들도 누진소비세를 채택하라는 압력에 직면할 것이다. 따라서 누진소비세의 덕을 보고자 처음으로 이주한 사람들의 상대적 이점은 한시적일 수밖에 없다.

물론 국가 차원에서 누진소비세를 도입하는 것이 훨씬 더 바람직하다. 이 정책이 몇몇 주의 실험에서 성공적인 것으로 판명된다면, 국가 차원의 시행을 위한 정치적 합의를 도출하기가 확실히 더 쉬울 것이다.

누진소비세란 한낱 정치적 공상 아닐까?

7장에서 언급했듯이, 누진소비세는 오랜 세월 초당적 지지를 받아왔다. 1995년 피트 도메니치(공화당, 뉴멕시코주)와 샘 넌(민주당, 조지아주) 상원의원이 누진소비세를 주장했고, 두 사람의 세제안이 비록 표결에 상정되지는 못했지만, 그렇다고 급진적인 아이디어로 간주된 것도 아니었다. 오랫동안 자유시장경제를 옹호한 시카고대학교의 밀턴 프리드먼 교수는 1943년 『아메리칸 이코노믹 리뷰』에 게재한 논문에서 제2차 세계대전의 재원을 마련하는 가장 효과적인 방법으로 누진소비세를 제안했다. 워싱턴 DC에 있는 보수주의 싱크탱크 미국기업연구소의 선임 연구원 두 명은 최근에 출간한 책에서 누진소비세의 장점을 높이 평가했다.[3]

의회에서 포괄적인 세금 개혁 문제를 본격적으로 논의하기 전에, 현재 악화 일로를 걷고 있는 재정 위기가 먼저 터질 것이다. 그러나 정부의 공공 서비스에 대한 수요가 거기에 필요한 연방의 재원을 넘어설 참이므로, 이제 위기는 시간문제일 뿐이다. 위기가 실제로 찾아오면, 누진소비세는 숙고 대상 정책 목록에서 상위에 놓일 것이다.

주

| 머리말 |

1 Michael Young, *The Rise of the Meritocracy*, London: Transaction, 1994(1958년에 초판 출간).

2 Michael Young, "Down with Meritocracy, Guardian," June 28, 2001, http://www.theguardian.com/politics/2001/jun/29/comment.

3 Michael Lewis, "Don't Eat Fortune's Cookie," 2012년 프린스턴대학교 졸업 연설. http://www.princeton.edu/main/news/archive/S33/87/54K53/.

4 Nicholas Kristof, "Is a Hard Life Inherited?," *New York Times*, August 9, 2014, http://www.nytimes.com/2014/08/10/opinion/sunday/nicholas-kristof-is-a-hard-life-inherited.html?_r=0.

5 Nicholas Kristof, "U.S.A., Land of Limitations?," *New York Times*, August 8, 2015, http://www.nytimes.com/2015/08/09/opinion/sunday/nicholas-kristof-usa-land-of-limitations.html.

6 이 실험은 지위와 도덕성의 관계를 탐구하기 위해 진행 중인 실험적 연구의 일부였다. 다음을 보라. Paul K. Piff, Daniel M. Stancato, Stephane Côté, Rodolfo Mendoza-Denton, and Dacher Keltner, "Higher Social Class

Predicts Increased Unethical Behavior," *Proceedings of the National Academy of Sciences* 109.11 (2013): 4086–91, http://www.pnas.org/content/109/11/4086.full.

| 1장 |

1   Robert H. Frank, "Before Tea, Thank Your Lucky Stars," *New York Times*, April 26, 2009, http://www.nytimes.com/2009/04/26/business/economy/26view.html?_r=0.

2   Fox Business News, "Luck Is the Real Key to Success?," May 7, 2011, http://video.foxbusiness.com/v/3887675/luck-is-the-real-key-to-success/#sp=show-clips.

3   Terry Gross, "Fresh Air Remembers the Crime Novelist Elmore Leonard," *National Public Radio*, August 23, 2013, http://www.npr.org/player/v2/mediaPlayer.html?action=1&t=1&islist=false&id=214831379&m=214836712.

4   Branko Milanovic, "Global Inequality of Opportunity: How Much of Our Income Is Determined by Where We Live?," *Review of Economics and Statistics* 97.2 (May 2015): 452–460.

5   예를 들어 다음을 보라. Gary Marcus, "Mice, Men, and Fate," *New Yorker*, May 13, 2013, http://www.newyorker.com/online/blogs/elements/2013/05/of-mice-and-men.html.

6   Alan Krueger, "The Rise and Consequences of Income Inequality in the United States," 2012년 1월 12일 미국진보센터 연설. https://milescorak.files.wordpress.com/2012/01/34af5d01.pdf.

7   Robert H. Frank and Philip J. Cook, *The Winner-Take-All Society*, New York: Free Press, 1995.

8   재정 위기와 공정 과세에 관한 엘리자베스 워런의 2012년 선거 연설. http://elizabethwarrenwiki.org/factory-owner-speech/.

9   다음을 보라. Lant Pritchett, *Let Their People Come: Breaking the Gridlock on Global Labor Mobility*, Cambridge, MA: Center for Global

Development, 2006.

10 Market Watch, "The Knot, the #1 Wedding Site, Releases 2014 Real Weddings Study Statistics," March 12, 2015, http://www.marketwatch. com/story/the-knot-the-1-wedding-site-releases-2014-real-weddings-study-statistics-2015-03-12.

11 Andrew M. Francis and Hugo M. Mialon, "A Diamond Is Forever and Other Fairy Tales: The Relationship between Wedding Expenses and Marriage Duration," *Social Science Research Network*, http://papers. ssrn.com/sol3/papers.cfm?abstract_id=2501480.

12 "Share Your DMV Horror Stories," http://www.early-retirement.org/ forums/f27/share-your-dmv-horror-stories-27324-2.html.

| 2장 |

1 Paul Lazarsfeld, "The American Soldier: An Expository Review," *Public Opinion Quarterly* 13.3 (1949): 377–404.

2 Duncan Watts, *Everything Is Obvious** (*Once You Know the Answer), New York: Crown, 2011.

3 다음을 보라. Ian Leslie, "Why the Mona Lisa Stands Out," *Intelligent Life*, May/June, 2014, http://moreintelligentlife.com/content/ideas/ian-leslie/overexposed-works-art.

4 Watts, *Everything Is Obvious*, 59.

5 다음을 보라. Loren Kantor, "Casting Michael Corleone," *Splice Today*, April 1, 2013, http://splicetoday.com/moving-pictures/casting-michael -corleone.

6 Hollywood Reporter, "Breaking Bad: Two Surprising Actors Who Could Have Taken Bryan Cranston's Role," July 16, 2012, http:// www.hollywoodreporter.com/news/Breaking-bad-bryan-cranston-walter-white-amc-349840.

7 Robert K. Merton, "The Matthew Effect in Science," *Science* 159.3810 (1968): 56–63.

8 그다음 해에 네드가 미시간대학교 교수로 부임하게 되었을 때, 나는 헤어짐이 아쉬웠지만 놀랍지는 않았다. 그는 거기서 시작해서 미국 정부의 정책을 결정하는 요직을 두루 거쳤다. 연방준비제도이사회 이사로 재임하던 2002년에는 앨런 그린스펀 의장에게 주택 거품에 대한 조치를 시급히 취하자고 촉구한 것으로도 유명한 인물이다.

9 와츠의 음악연구소 실험과 관련해서 구체적인 내용을 참고하려면 *Everything Is Obvious*를 보라.

10 Brett Martin, "Vince Gilligan: Kingpin of the Year 2013," GQ, November 13, 2013, http://www.gq.com/story/vince-gilligan-men-of-the-year-kingpin.

11 Malcom Gladwell, *Outliers*, New York: Pantheon, 2008.

12 Gladwell, *Outliers*, 54-55에서 인용.

13 Leonard Mlodinow, *The Drunkard's Walk: How Randomness Rules Our Lives*, New York: Vintage, 1990, chap. 10.

14 Gavin Weightman, *The Frozen Water Trade*, New York: Hyperion, 2003.

15 Gladwell, *Outliers*, chap. 1.

16 연초에 태어난 선수들의 성공은 그들의 기량이 실제로 더 뛰어나서라기보다 NHL팀 관계자들이 그들을 더 뛰어난 선수로 인식한 덕분이라고 주장하는 학자들도 있다. 사례를 참고하려면 다음을 보라. Robert O. Deaner, Aaron Lowen, and Stephen Cobley, "Born at the Wrong Time: Selection Bias in the NHL Draft," *PLOS One*, February 27, 2013, http://journals.plos.org/plosone/article?id=10.1371/journal.pone.0057753. 하지만 이 주장이 사실일지라도, 장차 하키 스타가 되려는 사람에게 연초에 태어났다는 것이 행운이라는 글래드웰의 주장은 여전히 유효하다.

17 Elizabeth Dhuey and Stephen Lipscomb, "What Makes a Leader? Relative Age and High School Leadership," *Economics of Education Review* 27 (2008): 173-183.

18 Peter Kuhn and Catherine Weinberger, "Leadership Skills and Wages," *Journal of Labor Economics* 23.3 (July 2005): 395-436.

19 Qianqian Du, huasheng Gaob and Maurice D. Levi, "The Relative-

Age Effect and Career Success: Evidence from Corporate CEOs," *Economics Letters* 117 (2012): 660–662.

20 Liran Einav and Leeat Yariv, "What's in a Surname? The Effects of Surname Initials on Academic Success," *Journal of Economic Perspectives* 20.1 (2006): 175–188.

| **3장** |

1 Robert H. Frank and Philip J. Cook, *The Winner-Take-All Society*, New York: Free Press, 1995.

2 Sherwin Rosen, "The Economics of Superstars," *American Economic Review 71 (December 1981)*: 845–58; quote p. 845.

3 Chris Anderson, *The Long Tail: Why the Future of Business Is Selling Less of More*, New York: Hyperion, 2006.

4 Anita Elberse, *Blockbusters: Hit-Making, Risk-Taking, and the Big Business of Entertainment*, New York: Henry Holt, 2013.

5 Barry Schwartz, *The Paradox of Choice: Why More Is Less*, New York: Harper Perennial, 2004.

6 롱테일 지지자들이 설명한 기술적인 변화는 내가 어느 정도 편견을 가졌는지 여러분이 현명하게 판단할 수 있도록 해준다. 더 네포티스트의 뮤직비디오가 궁금하다면 다음 주소에서 볼 수 있다. http://thenepotist.com/videos/.

7 Xavier Gabaix and Augustin Landier, "Why Has CEO Pay Increased So Much?" *Quarterly Journal of Economics* 123.1 (2008): 49–100.

8 Adam Smith, *The Wealth of Nations*, book 1, chap. 10.

9 The Conference Board, "Departing CEO Age and Tenure," June 13, 2014, https://www.conference-board.org/retrievefile.cfm?filename=TCB-CW-019.pdf&type=subsite.

10 Thomas Piketty, *Capital in the Twenty-First Century*, Cambridge, MA: Harvard University Press, 2013.

| 4장 |

1　High School Baseball Web, "Inside the Numbers," http://www.hsbaseball
web.com/inside_the_numbers.htm.

2　다음을 보라. *Wikipedia*, List of World Records in Athletics, http://
en.wikipedia.org/wiki/List_of_world_records_in_athletics#Men and
http://en.wikipedia.org/wiki/Athletics_record_progressions.

3　동전을 한 번 던져서 앞면이 나올 확률은 2분의 1이므로, 앞면이 연속해서
20번 나올 확률은 2분의 1의 20승, 즉 0.0000095367이다.

4　Carl Sagan, *Broca's Brain: Reflections on the Romance of Science*,
New York: Random House, 1979, 61.

5　Chris McKittrick, "Bryan Cranston: 'Without Luck You Will Not Have a
Successful Career,'" *Daily Actor*, October 31, 2012, http://www.dailyactor
.com/tv/bryan-cranston-acting-luck/.

| 5장 |

1　Michael Mauboussin, *The Success Equation*, Cambridge, MA: Harvard
Business Review Press, 2012.

2　이 연구의 상당 부분을 훌륭하게 간추린 자료가 필요하다면 다음을 참고
하라. Daniel Kahneman, *Thinking Fast and Slow*, New York: Farrar,
Strauss, and Giroux, 2011. 경제학자들이 이 연구를 중요하게 여기는 까
닭에 대해서 아주 쉽게 설명한 자료를 참고하려면 다음을 보라. Richard H.
Thaler, *Misbehaving*, New York: W. W. Norton, 2015.

3　P. Cross, "Not Can but Will College Teachers Be Improved?," *New
Directions for Higher Education* 17 (1977): 1–15.

4　Ezra W. Zuckerman and John T. Jost, "What Makes You Think You'
re So Popular? Self Evaluation Maintenance and the Subjective Side
of the 'Friendship Paradox,'" *Social Psychology Quarterly* 64.3 (2001):
207–223.

5　College Board, *Student Descriptive Questionnaire*, Princeton, NJ:
Educational Testing Service, 1976–1977.

6 Richard Lustig, *Learn How to Increase Your Chances of Winning the Lottery*, Bloomington, IN: Authorhouse, 2010.

7 Charles T. Clotfelter and Philip J. Cook, "Lotteries in the Real World," *Journal of Risk and Uncertainty* 4 (1991): 227–232.

8 Nassim Nicholas Taleb, *Fooled by Randomness: The Hidden Role of Chance in Life and in the Markets*, London, TEXERE, 2001.

9 L. B. Alloy and L. Y. Abramson, "Judgment of Contingency in Depressed and Nondepressed Students: Sadder but Wiser?," *Journal of Experimental Psychology: General* 108 (1979): 441–485.

10 A. T. Beck, *Depression: Clinical, Experimental, and Theoretical Aspects*, New York: Harper and Row, 1967.

11 Alloy and Abramson, *"Depressive Realism: Four Theoretical Perspectives,"* in L. B. Alloy, ed., *Cognitive Processes in Depression*, New York: Guilford, 1988: 223–265.

12 물론 그 직책이 수반하는 번잡함을 과소평가하는 것은 그 장점들을 과대평가하는 것과 같다.

13 이와 같은 경향에 대한 포괄적 논의를 참고하려면 다음을 보라. George Ainslie, *Picoeconomics*, Cambridge: Cambridge University Press, 2001.

14 Roy F. Baumeister and John Tierney, *Willpower: Rediscovering the Greatest Human Strength*, New York: Penguin, 2011.

15 Roy Baumeister, quoted by Kirsten Weir, "The Power of Self-Control," *Monitor on Psychology* 43.1 (January 2012): 36.

16 K. Anders Ericsson, Ralf Krampe, and Clemens Tesch-Romer, "The Role of Deliberate Practice in the Acquisition of Expert Performance," *Psychological Review* 100.3 (1993): 363–406.

17 심리학에서 귀인 이론이란 여러 사건을 인과적으로 설명하기 위해서 정보를 어떻게 활용해야 하는지 이해하려는 시도라고 할 수 있다.

18 Bernard Weiner, *Achievement Motivation and Attribution Theory*, Morristown, NJ: General Learning Press, 1974.

19 Daniel H. Robinson, Janna Siegel, and Michael Shaughnessy, "An Interview with Bernard Weiner," *Educational Psychology Review* (June

1996): 165-174.

20 Jasmine M. Carey and Delroy Paulhus, "Worldview Implications of Believing in Free Will and/or Determinism: Politics, Morality, and Punitiveness," *Journal of Personality and Social Psychology* 81.2 (April 2013): 130-141.

21 R. F. Baumeister, E. A. Sparks, T. F. Stillman, and K. D. Vohs, "Free Will in Consumer Behavior: Self-Control, Ego Depletion, and Choice," *Journal of Consumer Psychology* 18 (2008): 4-13.

22 Thomas Gilovich, "Two Enemies of Gratitude," presentation at the Greater Good Gratitude Summit, June 7, 2014, https://www.youtube.com/watch?v=eLnAbkdXgCo.

23 Gilovich, "Two Enemies of Gratitude."

24 Thomas Gilovich and Shai Davidai, unpublished ms., 2015.

25 정치적 스펙트럼에 따라 행운을 바라보는 시각이 어떻게 다른지 살펴보려면 다음의 뛰어난 조사 결과를 참고하라. Dean M. Gromet, Kimberly A. Hartson, and David K. Sherman, "The Politics of Luck: Political Ideology and the Perceived Relationship between Luck and Success," *Journal of Experimental Social Psychology* 59 (2015): 40-46.

| 6장 |

1 American Society of Civil Engineers, Report Card for America's Infrastructure, 2013, http://www.infrastructurereportcard.org.

2 Donna M. Desrochers and Steven Hurlburt, "Trends in College Spending: 2001-2011; A Delta Data Update," Delta Cost Project: American Institutes for Research, 2014, www.deltacostproject.org/sites/default/files/products/Delta%20Cost_Trends%20College%20Spending%202001-2011_071414_rev.pdf.

3 Robert Hiltonsmith, "Pulling Up the Higher-Ed Ladder: Myth and Reality in the Crisis of College Affordability," www.demos.org/publication/pulling-higher-ed-ladder-myth-and-reality-crisis-college-

affordability.

4   Phil Izzo, "Congratulations to Class of 2014, Most Indebted Ever,"
    Wall Street Journal, May 16, 2014, http://blogs.wsj.com/numbers/
    congatulations-to-class-of-2014-the-most-indebted-ever-1368/.

5   Bruce Bartlett, "Are the Bush Tax Cuts the Root of Our Fiscal
    Problem?," *New York Times*, July 26, 2011, http://economix.blogs.
    nytimes.com/2011/07/26/are-the-bush-tax-cuts-the-root-of-our-
    fiscal-problem/.

6   Chunliang Feng, Yi Luo, Ruolei Gu, Lucas S Broster, Xueyi Shen,
    Tengxiang Tian, Yue-Jia Luo, Frank Krueger, "The Flexible Fairness:
    Equality, Earned Entitlement, and Self-Interest," *PLOS ONE* 8.9 (September
    2013), http://www.plosone.org/article/info%3Adoi%2F10.1371%2Fjournal.
    pone.0073106.

7   Mechanical Turk, https://www.mturk.com/mturk/welcome.

8   John Locke, *Second Treatise on Civil Government*, 1689, chap. 5,
    section 27, http://www.constitution.org/jl/2ndtr05.htm.

9   Daniel Kahneman, Jack L. Knetsch, and Richard H. Thaler, "Anomalies:
    The Endowment Effect, Loss Aversion, and Status Quo Bias," *Journal
    of Economic Perspectives* 5.1 (1991): 193–206.

10 Liam Murphy and Thomas Nagel, *The Myth of Ownership*, New York:
    Oxford University Press, 2001.

11 David DeSteno, Monica Y. Bartlett, Jolie Baumann, Lisa A. Williams,
    and Leah Dickens, "Gratitude as Moral Sentiment: Emotion-Guided
    Cooperation in Economic Exchange," *Emotion* 10.2 (2010): 289–293.

12 Monica Bartlett and David DeSteno, "Gratitude and Prosocial
    Behavior: Helping When It Costs You," *Psychological Science* 17.4 (April
    2006): 319–325.

13 M. Dickens, *My Father as I Recall Him*, Westminster, England:
    Roxburghe, 1897, 45.

14 Robert A. Emmons and Michael E. McCullough, "Counting Blessings
    versus Burdens: An Experimental Investigation of Gratitude and

Subjective Well-Being in Daily Life," *Journal of Personality and Social Psychology* 84.2 (2003): 377–389.

15 Martin E. P. Seligman, Tracy A. Steen, Nansook Park, and Christopher Peterson, "Positive Psychology Progress: Empirical Validation of Interventions," http://www.ppc.sas.upenn.edu/articleseligman.pdf.

16 Nancy Digdon and Amy Koble, "Effects of Constructive Worry, Imagery Distraction, and Gratitude Interventions on Sleep Quality: A Pilot Trial," *Applied Psychology: Health and Well-Being* 3.2 (July 2011): 193–206.

17 C. Nathan DeWall, Nathaniel M. Lambert, Richard S. Pond Jr., Todd B. Kashdan, Frank D. Fincham, "A Grateful Heart Is a Nonviolent Heart: Cross-Sectional, Experience Sampling, Longitudinal, and Experimental Evidence," *Social Psychological and Personality Science* 3.2 (March 2012): 232–240.

18 *Cityfile*, "Steve Schwarzman's $3 Mil. Birthday Bash: Any Regrets?" *Gawker*, October, 30, 2008, http://gawker.com/502741/steve-schwarzmans-3-mil-birthday-bash-any-regrets.

19 James Surowiecki, "Moaning Moguls," *New Yorker*, July 7, 2014, http://www.newyorker.com/talk/financial/2014/07/07/140707ta_talk_surowiecki.

20 *Slate*, http://www.slate.com/articles/business/it_seems_to_me/1997/05/herb_steins_unfamiliar_quotations.single.html.

21 Scott Clemens and Robert Barnes, "Support for Same-Sex Marriage at an All-Time High," *Washington Post*, April 23, 2015, https://www.washingtonpost.com/politics/courts_law/poll-gay-marriage-support-at-record-high/2015/04/22/f6548332-e92a-11e4-aae1-d642717d8afa_story.html.

22 William Yardley, "Gustavo Archilla, an Inspiration for Gay Marriage, Dies at 96," *New York Times*, December 15, 2012, http://www.nytimes.com/2012/ 12/16/nyregion/gustavo-archilla-whose-wedding-inspired-gay-marriage-advocates-dies-at-96.html?_r=0.

23 사회 통념 체계의 불안정성에 관해서는 다음을 보라. Timur Kuran, *Private Truths, Public Lies*, Cambridge, MA: Harvard University Press, 1995.

| 7장 |

1 Market Watch, "The Knot, the #1 Wedding Site, Releases 2014 Real Weddings Study Statistics," March 12, 2015, http://www.marketwatch. com/story/the-knot-the-1-wedding-site-releases-2014-real-weddings-study-statistics-2015-03-12.

2 Andrew M. Francis and Hugo M. Mialon, "A Diamond Is Forever and Other Fairy Tales: The Relationship between Wedding Expenses and Marriage Duration," Social Science Research Network, http://papers. ssrn.com/sol3/papers.cfm?abstract_id=2501480.

3 Robert H. Frank, Adam Seth Levine, and Oege Dijk, "Expenditure Cascades," *Review of Behavioral Economics* 1.1–2(2014): 55–73.

4 Samuel Bowles and Yongjin Park, "Emulation, Inequality, and Work Hours: Was Thorsten Veblen Right?," *Economic Journal* 115.507 (2005): F397–F412.

5 Robert H. Frank, *The Darwin Economy: Liberty, Competition, and the Common Good*, Princeton, NJ: Princeton University Press, 2011.

6 John Whitfield, "Libertarians with Antlers: What Robert H. Frank's *The Darwin Economy* Gets Wrong about Evolution," http://www. slate.com/

7 지나치게 큰 뿔은 엘크 수컷 집단의 관점에서 확실히 낭비지만, 엘크라는 종 자체에 치명적인 역기능으로 작용하는 것은 아니다. 생물학자들이 오래전부터 언급하듯, 유성생식 생물의 경우 수컷이 필요 이상으로 많이 존재하는 법이다. 따라서 엘크 수컷들이 큰 뿔 때문에 늑대에게 쉽게 잡아먹힐지언정, 엘크라는 종의 생존 자체가 위협받는 정도는 아닐 것이다. 하지만 이 대목은 내가 주장하려는 바와 관계가 없다. 내가 이 사례를 통해서 주장하는 요지는, 엘크 수컷들로서는 너무 일찍 잡아먹히는 것보다야 지긋한 나이까지 살아남는 쪽을 선호할 것이라는 점이다.

8   Robert H. Frank, "The Frame of Reference as a Public Good," *Economic Journal* 107 (November 1997): 1832–47.

9   Milton Friedman, "The Spendings Tax as a Wartime Fiscal Measure," *American Economic Review* 33.1, part 1 (March 1943): 50–62.

10   William Neikirk, "Bipartisan Sponsors Unveil Tax-revamp Plan," *Chicago Tribune*, April 29, 1995, http://articles.chicagotribune.com/1995-04-29/news/9504290130_1_tax-reform-plans-usa-tax-flat-tax.

11   Alan D. Viard and Robert Carroll, *Progressive Consumption Taxation: The X-Tax Revisited*, Washington, DC: AEI Press, 2012.

| 8장 |

1   Italo Calvino, *Mr. Palomar*, London: Secker and Warburg, 1983, p.11, 12.

2   Ibid., p. 12.

3   O. B. Bodvarsson and W. A. Gibson, "Gratuities and Customer Appraisal of Service: Evidence from Minnesota Restaurants," *Journal of Socioeconomics* 23 (1994): 287–302.

4   Harvey Hornstein, *Cruelty and Kindness*, Englewood Cliffs, NJ: Prentice Hall, 1976.

5   다음을 보라. Robert H. Frank, *Passions within Reason: The Strategic Role of the Emotions*, New York: W. W. Norton, 1988, chap. 4.

6   Robert H. Frank, Thomas Gilovich, and Dennis Regan, "The Evolution of One-Shot Cooperation," *Ethology and Sociobiology* 14 (July 1993): 247–256.

7   Adam Smith, *The Wealth of Nations*, part 4, section 3, Library of Economics and Liberty, http://www.econlib.org/library/Smith/smWN.html.

8   Adam Satariano, Peter Burrows, and Brad Stone, "Scott Forstall, the Sorcerer's Apprentice at Apple," *Bloomberg Business*, October 12, 2011, http://www.bloomberg.com/bw/magazine/scott-forstall-the-

sorcerers-apprentice-at-apple-10122011.html.

9   Jay Yarrow, "Tim Cook: Why I Fired Scott Forstall," *Business Insider*,
    December 6, 2012, http://www.businessinsider.com/tim-cook-why-i-
    fired-scott-forstall-2012-12.

10 Robert D. Putnam, *Our Kids: The American Dream in Crisis*, New
    York: Simon and Shuster, 2015.

11 M. A. Fox, B. A. Connolly, and T. D. Snyder, "Youth Indicators 2005:
    Trends in the Well-Being of American Youth," Washington, DC, US
    Department of Education, National Center for Education Statistics,
    table 21, http://nces.ed.gov/pubs2005/2005050.pdf.

12 Frank, *Passions within Reason*.

| 부록 1 |

1   여기에 소개하는 모의실험을 수행하는 데 큰 도움을 준 휘웨저우에게 진심
    으로 감사의 말을 전한다.

| 부록 2 |

1   Robert H. Frank, "The Estate Tax: Efficient, Fair, and Misunderstood,"
    New York Times, May 12, 2005, http://www.nytimes.com/2005/05/12/
    business/the-estate-tax-efficient-fair-and-misunderstood.html?_r=0.

2   "Buffett's Lasting Legacy: Immaterial Wealth," National Public
    Radio, May 6, 2010, http://www.npr.org/templates/story/story.
    php?storyId=126538348.

3   Alan D. Viard and Robert Carroll, *Progressive Consumption Taxation:
    The X-Tax Revisited*, Washington, DC: AEI Press, 2012.

실력과 노력으로 성공했다는 당신에게

1판 1쇄	2018년 7월 6일
1판 8쇄	2024년 5월 24일

지은이	로버트 프랭크
옮긴이	정태영
펴낸이	강성민
편집장	이은혜
마케팅	정민호 박치우 한민아 이민경 박진희 정유선 황승현
브랜딩	함유지 함근아 고보미 박민재 김희숙 박다솔 조다현 정승민 배진성
제작	강신은 김동욱 이순호
독자모니터링	황치영

펴낸곳	(주)글항아리 │ 출판등록 2009년 1월 19일 제406-2009-000002호
주소	10881 경기도 파주시 심학산로 10 3층
전자우편	bookpot@hanmail.net
전화번호	031-955-8869(마케팅) 031-941-5158(편집부)
팩스	031-941-5163

ISBN	978-89-6735-526-5 03300

www.geulhangari.com